BOIS, OR, PÉTROLE

"Questions de société"

Titre original :
Guerras del interior

ISBN 978-2-330-18698-2

Joseph Zárate

BOIS, OR, PÉTROLE

Les guerres invisibles

ACTES SUD

En mémoire de Lilí Tuanama Núñez, ma grand-mère maternelle, et de Vistoso, une communauté disparue de la jungle péruvienne, dans laquelle elle est née et où elle n'a jamais pu retourner.

À Violeta et Pepe, mes parents, chacun de mes mots.

“Qu’est-ce qui arrive aux grands évènements ? Ils migrent dans l’histoire, mais les petits, qui sont les plus importants pour l’homme ordinaire, disparaissent sans laisser de trace. [...] Je me consacre désespérément (de livre en livre) à la même tâche : je mets l’histoire au niveau de l’homme.”

Svetlana Alexievitch
Les Cercueils de zinc

BOIS

“La civilisation humaine a réduit la plante, une forme de vie vieille de quatre cents millions d’années, à trois choses : la nourriture, la médecine et le bois. Dans notre obsession insatiable de récolter toujours plus et plus vite, nous avons dévasté des écosystèmes entiers comme aucune catastrophe naturelle ne l’avait fait auparavant au cours des derniers millions d’années.”

HOPE JAHREN
Lab Girl : une histoire de science, d’arbres et d’amour

“La forêt vierge vue du ciel ondulait sous moi, apparemment paisible, mais ce n’était qu’une illusion car la nature n’est jamais paisible en son être intérieur. Elle se défend contre les dompteurs qui veulent la dénaturer et elle les ramène au rang d’animaux domestiques [...].”

WERNER HERZOG
Conquête de l’inutile

“Et bruissent surtout les pas des animaux que tu as été avant d’être un être humain, les pas des pierres et des végétaux et des choses que chaque être humain a été. Et aussi ce que tu as entendu autrefois, tout cela bruisse la nuit dans la jungle.”

CESAR CALVO
Les Trois Moitiés d’Ino Moxo
et autres sorciers d’Amazonie

Ceux qui ont connu Edwin Chota disent qu'il avait un sourire large, exagéré, contagieux, avec un trou visible à cause d'une dent qui lui manquait sur le devant. Alberto Chota Tenazoa, son père, raconte que deux ans avant que l'aîné de ses six enfants soit tué, Edwin Chota avait perdu cette dent en mangeant un plat de nouilles à la tortue. "Il a mordu un bout de carapace, se remémore le vieil homme, mais il a juste éclaté de rire, jeté sa dent et continué à manger." Le chasseur asháninka Jaime Arévalo, membre de la nation la plus peuplée de la jungle péruvienne, s'est souvenu de cette dent manquante quand il a retrouvé le crâne de son ami. Il avait passé toute une matinée à plonger avec des policiers dans une fosse d'eau boueuse, près de la frontière du Brésil, où une rivière avait emporté le cadavre d'Edwin Chota dévoré par les vautours et les lézards. De cette fosse de sept mètres de profondeur, Arévalo – un quadragénaire de petite taille, bon nageur, aux bras robustes – a sorti un fémur, des côtes, un t-shirt en lambeaux, une botte en caoutchouc et un bracelet de graines colorées encore accroché à l'os du poignet. C'était la dépouille de l'un de ses quatre compagnons assassinés deux semaines plus tôt dans un ravin des environs. Un détail le lui a confirmé : cette dent qui manquait au crâne.

Malgré ses cinquante-trois ans et son corps maigre comme une branche, Edwin Chota était un agriculteur tenace et un chasseur habile au fusil. Il avait un long nez aquilin, pas l'ombre d'un cheveu blanc et la peau tannée par le soleil. Il imitait le chant du moineau et le rugissement de l'ocelot, jouait plutôt bien au football et dansait sur des *huaynos* de Sósimo Sacramento et des *forró* brésiliens en remuant son corps efflanqué comme une marionnette. Quand Edwin Chota souriait, cette dent perdue, son incisive supérieure droite, était la chose la plus frappante de son visage. Quand il protestait aussi. En tant que chef de l'Alto Tamaya-Saweto, une communauté amazonienne de plus de trente familles, Chota – le seul adulte là-bas à savoir lire et écrire – piquait une colère noire et levait le poing lorsqu'il dénonçait les bûcherons illégaux qui exploitaient les Asháninkas et pillaient la forêt où ils vivent. "C'était le seul moment où il était sérieux, dira Julia Pérez, sa veuve. Le reste du temps, c'était un farceur." Si sourire peut parfois être un geste diplomatique, Chota n'arquait jamais ses lèvres devant un trafiquant de bois.

Pour aller à Pucallpa, la deuxième plus grande ville de la jungle péruvienne, où il était né et avait grandi, Edwin Chota devait faire sept jours de bateau sur les méandres d'une rivière sinueuse. Il y rendait visite à son père, auquel il apportait du *motelo*, de la tortue à pattes jaunes, à la chair tendre et savoureuse, qui était devenu son plat préféré. La dernière fois qu'ils se sont vus, le jour de la fête des Pères, Chota lui a dit qu'il irait à Lima pour voir si quelqu'un allait enfin écouter ses plaintes. Les menaces de mort devenaient de plus en plus fréquentes. Son père l'a supplié de rester avec lui au lieu de retourner à Saweto.

— Je ne peux pas, lui a-t-il répondu. De toute façon, je n'en sortirai pas vivant.

Deux mois plus tard, le 1er septembre 2014 au matin, des marchands de bois ont assassiné Edwin Chota ainsi que trois autres dirigeants ashéninkas – Jorge Ríos, Francisco Pinedo et Leoncio Quintisima – dans la jungle de l'Alto Tamaya, tandis que ces derniers se rendaient à une assemblée du côté brésilien de la frontière pour coordonner la défense de leurs territoires. Une balle de fusil de calibre seize, en principe utilisée pour chasser le gros gibier et le singe des montagnes, a traversé sa poitrine. Une autre a perforé sa tête. Le chasseur Arévalo, qui les avait précédés, a rebroussé chemin en voyant que ses compagnons n'arrivaient pas. Cinq jours plus tard, il a retrouvé les corps dans une fosse, à douze heures de marche de la frontière – là où, revenant ensuite avec des policiers, il ne trouverait plus que des ossements –, et il s'est enfui à toutes jambes vers sa communauté de peur d'être tué à son tour. Les quatre veuves et les enfants des dirigeants assassinés ont fait trois jours de bateau jusqu'à Pucallpa, sans s'arrêter, pour porter plainte. Il n'y a pas de policiers à Saweto. La radio à deux canaux qu'ils possèdent – leur seul contact avec le monde – fonctionne mal.

La dernière fois qu'Edwin Chota était allé à Lima pour dénoncer les bûcherons qui le menaçaient, il avait appelé son père de quatre-vingt-deux ans de son portable et avait promis de venir le voir. Avant cela, il lui avait laissé une photo en souvenir : on l'y voit debout, à l'une des nombreuses réunions auxquelles il assistait en tant que chef asháninka, le visage grave, vêtu de sa *cushma* – une tunique marron qui descend jusqu'aux chevilles –, le visage peint de lignes rouges au roucou et coiffé de sa couronne de plumes multicolores. "Pour que tu puisses me voir, si un jour il m'arrive quelque chose", a-t-il annoncé à son père avant de lui dire au revoir.

L'homme qui est mort pour la communauté asháninka de Saweto n'a pas toujours été asháninka. Quand on lui a raconté que son père était le chef d'une tribu autochtone, Perla Chota, sa fille aînée, a cru qu'il s'agissait d'une blague. Pour elle, impossible d'imaginer que ce monsieur qui l'avait laissée à neuf ans chez une tante à Lima, ce milieu de terrain vedette du quartier, ce danseur fan des Bee Gees et de John Travolta, ce métis urbain qui ne sortait jamais de chez lui sans une chemise bien repassée et des chaussures reluisantes, portait à présent une tunique, une couronne de plumes et des sandales, et qu'il vivait dans une hutte en bois couverte de feuillage au milieu de la jungle.

Les sœurs d'Edwin Chota étaient aussi surprises qu'elle. Elles vivaient à Ancón, village de pêcheurs et station balnéaire de longue date, sur la côte nord de Lima.

— On n'en revenait pas, dira Sonia Chota, femme au foyer, dans le séjour de sa maison préfabriquée en bois. Mon frère parlait même une langue bizarre.

Aujourd'hui encore, ses proches ne comprennent pas pourquoi Edwin Chota a décidé de défendre un peuple qui n'était pas le sien. Ils racontent que la mort soudaine de sa mère, lorsqu'il avait dix ans, a fait de lui une personne qui s'inquiétait pour les autres. Dans une maison pleine d'enfants mais où l'argent manquait, le futur chef asháninka qui lutterait contre les mafieux de la forêt était un garçon réservé, excellent élève, qui prêtait ses affaires pour gagner la sympathie des gens. Ses frères et ses amis répètent tous la même chose : Edwin Chota aidait les autres pour être aimé.

Les témoignages sur sa jeunesse sont tous fragmentaires. On sait qu'il a terminé ses études secondaires à Pucallpa, qu'il a quitté la ferme de son père – un ouvrier qui forait des puits de pétrole pour une compagnie américaine – et qu'il s'est engagé dans l'armée. Il s'est battu dans l'infanterie de marine lors du conflit qui a opposé le Pérou et l'Équateur au début des années 1980, et il a travaillé à la pose de lignes à haute tension à Iquitos, la capitale de la jungle péruvienne. Ses relations amoureuses faisaient long feu. Lorsqu'il était au front, il a eu une petite amie de la nation huitoto. Puis deux enfants – que la famille Chota ne connaît pas – avec une femme plus âgée, membre d'une secte israélite. Certains racontent qu'à l'époque Edwin Chota s'était laissé pousser la barbe et qu'il prêchait la Bible. Il s'est séparé d'elle à la fin des années 1980, puis il a eu sa fille Perla avec une femme qui l'a quitté, et il est revenu à Pucallpa, dit-on, pour repartir à zéro.

Elva Risafol, qui devint sa compagne quand il est revenu vivre en ville – avec laquelle il a eu un fils, Edwin, policier dans la brigade antidrogue –, se souvient qu'une amie le lui avait présenté lors d'une fête tropicale : c'était un trentenaire fluet, aux cheveux raides, en chemise bleu ciel, jean et chaussures de ville. Avec une courtoisie solennelle, Edwin l'avait invitée à danser *Sopa de Caracol* et l'avait fait rire avec ses pas de danse – tout cela avait plu à Elva. Ils avaient parlé pendant des heures ce soir-là et, entre deux bières, il lui avait raconté qu'il était électricien, que son ex l'avait abandonné, qu'il avait fait la guerre du Falso Paquisha et qu'il souhaitait retourner un jour dans la jungle, et aider les communautés sans défense.

— Edwin bâtissait des châteaux en Espagne, et on ne vit pas de rêves, dit Elva Risafol, qui s'est séparée de lui en 1997, après cinq années de vie commune. J'étais plus pragmatique. Je le taquinais en lui disant qu'il serait plus heureux s'il vivait avec une native. Je crois qu'il m'a écoutée.

Après leur rupture, Edwin Chota a disparu des radars. Quatre ans plus tard, il faisait encore nuit quand Edgar Chota a entendu frapper à la porte de sa maison-atelier de soudure-stand de nourriture à Pucallpa. C'était Edwin, son frère aîné, qui venait lui rendre visite.

— J'étais si content de le revoir, se souvient-il. On croyait tous qu'il était mort.

Personne ne sait avec certitude ce qu'il a fait pendant ces quatre années. On raconte qu'à la fin des années 1990 Edwin Chota est arrivé seul dans la jungle de l'Alto Tamaya. On raconte aussi qu'il y était parti avec des amis, pour travailler comme journalier dans une ferme ou comme bûcheron, ou comme vendeur de cuir de pécari. On raconte encore qu'il a débarqué là-bas pour oublier ses échecs et qu'il y est resté par amour pour une native. Le fait est qu'au moment où Edwin Chota a foulé ce territoire, la communauté de Saweto – du nom d'une perruche verte aux allures d'ara, mais à la queue plus courte – existait déjà. Au moins à l'état embryonnaire.

Les Asháninkas ont quitté la jungle centrale du Pérou pour la frontière brésilienne au début du XXe siècle, en pleine fièvre du caoutchouc. L'Europe et les États-Unis achetaient alors le latex des arbres par tonnes entières pour fabriquer les chambres à air des automobiles. Les Indiens d'Amazonie le connaissaient depuis longtemps : ils avaient toujours utilisé la sève du *cauchuc* – "l'arbre qui pleure" en langue omagua – pour confectionner des balles et des seringues rudimentaires servant à injecter des narcotiques et des purgatifs. Mais avec l'arrivée dans la jungle des magnats du caoutchouc, des communautés entières seraient réduites en esclavage pour extraire cette matière première qui modernisait, en ce temps-là, le Premier Monde.

Pendant que les barons du caoutchouc transformaient Iquitos en succursale à l'extravagance européenne, avec ses maisons ornées de faïences italiennes peintes à la main, son opéra et même son hôtel particulier en fer conçu par Gustave Eiffel, à quelques kilomètres de là, muni d'une lampe de mineur en guise de lanterne, l'indigène se frayait un chemin dans la jungle à coups de machette et travaillait du lever au coucher du soleil, à la recherche des arbres à caoutchouc. À son retour, fiévreux et affamé, il passait de longues heures courbé sur le feu, à inhaler une fumée nauséabonde, cuisant la gomme sur un gril jusqu'à ce qu'elle coagule. Il mettait des semaines à produire une boule assez grosse pour être vendue. Les Asháninkas de Saweto racontent que leurs ancêtres étaient continuellement escroqués sur les salaires, qu'ils étaient payés en liqueur bon marché qui les plongeait dans un état constant d'abrutissement, que les femmes étaient utilisées comme servantes ou pour travailler aux champs sans aucune rétribution. Que des centaines de natifs sont morts d'inanition, de dysenterie et autres maladies.

En 1910, les horreurs infligées aux autochtones sont devenues tellement notoires que le gouvernement britannique a ouvert une enquête sur les berges du río Putumayo, à la frontière colombienne. Créée en 1907, la Peruvian Amazon Company, l'une des entreprises de caoutchouc les plus rentables de l'époque, avait commis un génocide en tentant de soumettre les communautés et de les réduire en esclavage : ils avaient castré et décapité des autochtones, ils les avaient arrosés d'essence avant de les jeter dans les flammes, ils les avaient crucifiés la tête en bas, ils les avaient frappés, mutilés, ils les avaient laissés mourir de faim, ils les avaient noyés et les avaient donnés à manger aux chiens. Les sbires de l'entreprise avaient violé les femmes et cogné les enfants jusqu'à leur fendre le crâne. Tout cela a été raconté par Sir Roger Casement, consul général britannique chargé de l'enquête, qui a estimé qu'environ trente mille autochtones avaient été tués par cette compagnie, connue comme "Le paradis du Diable[1]".

Les Asháninkas de Saweto seraient donc les descendants des natifs arrivés à la frontière brésilienne au cours de ces années-là, avec leurs anciens patrons. Quand la fin du caoutchouc est venue, ces derniers se sont mis au trafic de peaux d'animaux exotiques. Quand la fin des peaux est venue, le bois a pris le relais. Les matières

1. À la fin du XIXe siècle, à l'époque victorienne, une idée répandue prétendait que les sociétés amazoniennes se situaient à une étape inférieure d'évolution et qu'elles représentaient probablement un "chaînon manquant" entre le singe et l'homme. Dans son livre *La Cité perdue de Z* (trad. de l'anglais [États-Unis] par Marie-Hélène Sabard, Robert Laffont, Paris, 2010), David Grann, journaliste au *New Yorker*, raconte que Richard Francis Burton, cofondateur de l'Anthropological Society of London, affirmait que les indigènes constituaient une "sous-espèce" (voir p. 164 – David Grann cite alors Dane Kennedy, *The Highly Civilized Man*). Francis Galton, dans sa théorie de l'eugénisme – qui a compté parmi ses adeptes John Maynard Keynes et Winston Churchill –, soutenait que l'intelligence humaine était héréditaire et immuable, et que les peuples indigènes du Nouveau Monde étaient "des enfants dans leur tête" (voir p. 165 – Grann cite George Stocking Jr, *Victorian Anthropology*).

à piller changeaient, mais le système qui asservissait les autochtones demeurait.

Les chefs asháninkas affirment que rien n'a changé depuis des décennies : les patrons "appâtent" les natifs en leur donnant des choses – vêtements, fusils, médicaments, moteurs de bateau, radios, vivres – contre des centaines de troncs d'arbres. Comme la plupart des autochtones ne savent ni lire ni écrire, ils se font rouler sur les quantités et les prix, si bien qu'ils finissent endettés, contraints de couper davantage de bois pour payer les produits qu'ils ont reçus en acompte. Quand les bûcherons débarquent quelque part, les animaux fuient le rugissement des tronçonneuses. Les villageois doivent alors accumuler les jours de marche à travers la forêt pour chasser de quoi manger, et parfois ils ne trouvent rien. Les troncs traînés à même le sol rendent la terre impropre aux cultures, tout comme les tracteurs quand ils progressent dans la jungle. Les exploitants forestiers transmettent aux indigènes des maladies que ceux-ci n'avaient jamais eues. À certaines périodes, on a vu des dizaines de natifs mourir d'un simple rhume.

Une cinquantaine d'années plus tard, la menace terroriste ouvrirait un autre chapitre sanglant. Après avoir affronté les militaires à Ayacucho, dans les montagnes du Sud, le Parti communiste du Pérou – Sentier lumineux – est arrivé dans la jungle centrale au milieu des années 1980, dans l'intention d'en prendre le contrôle. Les terroristes pillaient les cultures, brûlaient des centres médicaux et des bureaux municipaux. Ils établissaient des campements de travail forcé dans les profondeurs de la jungle, où ils retenaient des centaines d'Asháninkas en captivité pendant des mois. Ils les obligeaient à travailler la terre, à cuisiner pour les chefs terroristes, à abandonner leur langue pour parler le quechua ou l'espagnol. Ils poignardaient ou pendaient les rebelles devant leurs familles. Ils violaient les femmes. Ils séquestraient les enfants afin de les endoctriner et d'en faire des combattants.

Le peuple asháninka a été la nation amazonienne la plus durement frappée par la guerre entre les forces armées et le Sentier lumineux, d'après le rapport final de la Commission de la vérité et de la réconciliation (2003) : plus de trente communautés ont disparu, environ dix mille Indiens ont été déplacés, cinq mille ont été séquestrés et six mille assassinés, soit près de 10 % du total des morts recensés. Toutefois, pour l'anthropologue Óscar Espinoza, auteur du chapitre du rapport consacré au massacre des Asháninkas, ces chiffres ne disent pas tout. Quand l'enquête a été menée, se souvient-il, il n'y avait ni budget ni bateaux pour aller rendre visite à toutes les communautés amazoniennes. Le nombre de pages a été réduit, et des détails, des anecdotes, des épisodes ont été supprimés. Les proches des victimes ne voulaient pas parler.

— Une mère asháninka ne peut pas prononcer le nom de son fils mort. Ce faisant, elle croit qu'elle empêcherait son esprit d'aller au ciel, me racontait Espinoza un matin, dans son bureau de l'université pontificale catholique du Pérou. Les Asháninkas n'aiment pas parler de leurs morts.

Contrairement à d'autres peuples qui conquièrent des territoires, les Asháninkas sont des guerriers défensifs : ils apprennent dès l'enfance à esquiver les flèches avant d'apprendre à les tirer. Mais quand ils sont attaqués, quand on envahit leurs terres, ils ont la réputation d'être les plus féroces guerriers – les meilleurs archers – des cinquante et une nations amazoniennes vivant au Pérou[1].

Quand Edwin Chota est arrivé à Saweto en 1999, le Sentier lumineux avait été vaincu dans la jungle centrale par les militaires et l'armée asháninka, un bataillon de guerriers autochtones armés de fusils, d'arcs et de flèches, qui menaient des attaques surprises sur les campements terroristes. À l'époque, un groupe de familles asháninkas de Saweto, près de la frontière brésilienne, avait décidé d'en finir aussi avec l'exploitation des marchands de bois et voulait être reconnu par l'État comme une communauté et obtenir la titularisation de son territoire. C'était, pour eux, le chemin vers la libération.

Dans un premier temps, les patrons du bois avaient décidé de les soutenir : ils pensaient pouvoir continuer à couper les arbres et à exploiter les Asháninkas une fois que ceux-ci auraient obtenu la titularisation de leurs terres.

---

1. Les Asháninkas de Saweto, connus sous le nom d'"Asháninkas de la Grande Prairie", se reconnaissent aussi comme des Ashéninkas. Ils font partie du peuple asháninka car ils ont une histoire et une langue communes (avec des variantes) et se sont traditionnellement implantés dans la même région : la jungle centrale du Pérou. Depuis la fin 2017, la langue asháninka est en voie d'être reconnue par l'État comme une langue autochtone.

Mais la procédure juridique avançant et Saweto s'organisant progressivement sous la houlette d'Edwin Chota, la titularisation est devenue une menace pour leurs intérêts. Et ils n'allaient pas le permettre.

Diana Ríos ne se souvient pas de tous les détails, mais elle se rappelle qu'elle avait neuf ans lorsqu'elle a rencontré Edwin Chota. Elle le revoit arriver à Saweto : seul, très maigre, sac au dos, il s'est installé dans une hutte en bois à côté de celle de sa mère, Ergilia Rengifo, la femme qui, douze ans plus tard, serait la dernière à le voir en vie.

La communauté, en ce temps-là, était en passe d'être reconnue par l'État. Pour la première fois, les villageois avaient décidé de tirer parti de leur forêt pour obtenir quelque chose de très précieux : une école bilingue pour les enfants. Et comme l'étranger Edwin Chota savait lire et écrire, il a rapidement conquis les autres Asháninkas par son dévouement et sa détermination. Ils l'appelaient *mathari*, le gringalet.

Un jour de 2002, les trente familles de Saweto ont tenu une assemblée pour élire le nouveau chef de la communauté. Au moment de voter, la majorité a levé le bras pour le candidat Chota. Ils lui ont donné une parcelle de terre pour qu'il y établisse son exploitation. C'est ainsi qu'ils l'ont accepté comme l'un des leurs.

— Avant, nous vivions dispersés, mais Edwin nous a dit que nous devions nous unir pour ne plus nous faire avoir, se souvient Diana Ríos, une jeune femme robuste d'une vingtaine d'années, au visage rond et aux yeux bridés, fille de l'un des trois dirigeants assassinés. Il nous apprenait à lire, à écrire, il m'emmenait à des formations pour les femmes autochtones. Maintenant, je connais mes droits. Il n'était pas comme les autres. Il était joyeux, bavard, tendre comme un homme peut l'être. C'est pour ça que je suis tombée amoureuse de lui.

Les Asháninkas n'ont pas de rituel de mariage. Avoir des enfants, pour eux, équivaut à se marier. Nous pouvons donc dire que Diana Ríos a épousé Edwin Chota quand elle avait quinze ans. Le couple a eu un bébé qu'ils ont prénommé Kitoniro, qui deviendrait en grandissant un garçon dégourdi et têtu comme son père. Obéissant aux rôles préétablis dans leur culture, Ríos s'occupait de l'enfant, cuisinait et entretenait la maison ; Chota cultivait la terre, partait chasser pour rapporter de la viande à sa famille et voyageait pendant des semaines pour effectuer des démarches auprès des autorités.

Diana Ríos accompagnait souvent son mari lorsqu'il allait déposer plainte dans les bureaux du gouvernement régional de l'Ucayali, à plusieurs jours de bateau. Vêtus de *cushmas* et le visage peint de lignes rouges, ils attendaient à la porte pendant deux ou trois heures. Parfois, les autorités ne les recevaient pas. Comme ils n'avaient pas assez d'argent pour acheter de la nourriture en ville, ils mangeaient une banane ou un poisson qu'on leur donnait sur le port.

Pour tenter de protéger la forêt des trafiquants de bois, Edwin Chota a présenté plus d'une centaine de courriers à différentes institutions de l'État péruvien en exigeant la titularisation de leur territoire : huit cents kilomètres carrés de jungle – presque un quart de Lima – traversée par des rivières qui s'écoulent jusqu'à la frontière brésilienne. Mais le Gouvernement s'y est refusé : il avait déjà octroyé 80 % de ce territoire à deux exploitants forestiers péruviens, Ecofusa et Ramiro Edwin Barrios Galván. En 2002, un an avant que Saweto n'obtienne le statut légal de communauté, un fonctionnaire, dans son bureau à Lima, avait cédé ces terres pour vingt ans sans vérifier qui vivaient là-bas. Les lots livrés en concession à ces entreprises et le territoire de Saweto se superposaient comme deux mains posées l'une sur l'autre.

Pour que Saweto obtienne son titre de propriété, il fallait donc que le Gouvernement annule ou déplace ces concessions. En attendant, les Asháninkas n'avaient pas le droit d'empêcher que des tiers viennent saccager la forêt où ils habitaient. Ils n'étaient pourtant pas les seuls à porter cette revendication. Plus de six cents communautés indiennes – soit la moitié de celles vivant dans la forêt tropicale péruvienne – ne sont toujours pas légalement propriétaires de leurs terres. Une étude du World Resources Institute, réalisée dans quinze pays d'Asie, d'Afrique et d'Amérique latine, montre que le processus de légalisation d'un territoire indigène est extrêmement complexe, lent et coûteux, et oblige parfois les familles à abandonner leurs terres ou à perdre leurs droits sur l'eau, les plantes médicinales ou les aliments. Alors que les communautés entreprennent des démarches qui peuvent durer plus de trente ans, les compagnies qui sollicitent des concessions sur ces mêmes terres les obtiennent généralement en trente jours à peine, grand maximum en cinq ans. Les peuples autochtones et les communautés rurales occupent plus de la moitié des terres de la planète, mais ils ne possèdent légalement que 10 % des terres au niveau mondial. Au Pérou, certains mafieux en profitent : ils proposent aux autochtones d'assumer les dépenses impliquées par la titularisation de leurs territoires – environ dix mille dollars, sans compter les pots-de-vin versés aux fonctionnaires – contre l'abattage de leurs arbres.

Quand Edwin Chota est arrivé à Saweto, plusieurs familles travaillaient pour des marchands de bois illégaux. Les communautés peuvent subsister grâce à la chasse, la pêche et les récoltes lorsque leurs forêts sont intactes. Mais elles ont aussi besoin de vêtements, de savon et de médicaments, et l'abattage – ou l'acceptation d'argent en échange du libre accès aux arbres – est pour beaucoup le seul moyen de se procurer ce type de biens. Chota essayait de dissuader les Asháninkas de commettre de telles destructions.

— Il était direct et il montrait du doigt les chefs asháninkas corrompus. C'est pour cette raison que certains disaient du mal de lui. Ils racontaient qu'il allait à Lima, qu'il mangeait dans de bons restaurants, se souvient Diana Ríos, qui, bien qu'elle n'ait jamais cru à ces rumeurs, a décidé de se séparer du dirigeant après quatre ans de relation du fait de ses absences prolongées.

Edwin Chota a consacré à cette cause douze années de sa vie. Circonscrire le territoire et définir ses limites constituaient sa priorité. Pour ce faire, en plus des dénonciations effectuées et des plaintes déposées auprès de l'État, il a veillé à ce que Saweto dispose d'un outil aussi simple qu'une carte. Face à des entreprises et des gouvernements habitués à nier ou à minimiser la dévastation, Chota croyait que les Asháninkas devaient utiliser le langage de la cartographie – coordonnées, bornes, photographies aériennes – comme une arme pour défendre ce qu'ils considéraient comme leur bien.

Le Pérou, d'après la formule consacrée, est un pays andin. "La terre des Incas", l'appelle-t-on de part et d'autre de ses frontières. Cependant, son étendue géographique en fait avant tout un pays amazonien. Après le Brésil, le Pérou possède la plus grande surface de forêts d'Amérique latine : la jungle recouvre près de 70 % de sa superficie. Or, quand on regarde la carte des concessions attribuées aux industries extractives, force est de constater que, depuis près d'un demi-siècle, toute l'Amazonie péruvienne est divisée en dizaines de rectangles appelés lots, qui sont cédés à des marchands de bois, des compagnies pétrolières et des entreprises minières, dans un but d'exploration et, éventuellement, d'exploitation.

Une personne distraite qui se laisserait guider uniquement par cette carte pourrait croire que là, dans la forêt tropicale, il n'y a que des arbres, des rivières et des animaux. En d'autres termes, un espace sans être humain, sans communauté, sans culture. Le cartographe Brian

Harley a expliqué que ces “espaces vides” sur les cartes sont, en réalité, des “silences” : une information que la carte occulte délibérément. Une carte n’est pas un dessin innocent : elle contient un message politique.

David Salisbury, docteur en géographie et professeur à l’université de Richmond, aux États-Unis, a rencontré Edwin Chota et l’a aidé à faire connaître sa lutte au-delà du Pérou. Pendant les années où il a vécu dans la jungle, Salisbury, un type blond et filiforme à la voix douce, conseillait les communautés ashàninkas afin qu’elles puissent identifier, cartes à l’appui, les espaces déforestés qui menaçaient leur territoire et leur culture. Saweto était l’un d’eux.

— Les cartes officielles ne montrent pas la réalité amazonienne, m’a expliqué le géographe. Les communautés natives n’y apparaissent pas. Et celles qui n’apparaissent pas sur ces cartes sont celles qui souffrent le plus de l’abattage illégal et de la violation de leurs droits.

L’obtention d’un titre de propriété et la création d’une carte de Saweto protégeraient la communauté, sa forêt et tout ce qu’elle comporte. Les trafiquants de bois ne pourraient plus faire ce qu’ils veulent. Chota perturbait le *statu quo*. C’est pour ça qu’ils voulaient sa mort.

L’histoire des pays démontre que le fait de tracer une ligne à travers une carte peut déterminer les vies de millions de personnes. Une carte est un instrument de pouvoir. Et aujourd’hui, au Pérou, les experts en cartes travaillent au sein d’institutions publiques qui fournissent ces instruments à ceux qui détiennent le contrôle économique et politique. Personne ne sait qui ils sont, mais ils produisent des informations détaillées sur les rivières, les montagnes et les forêts se trouvant sur le territoire national. Six cents ans plus tôt, les cartes de navigation ont élevé au rang d'empire l'Espagne, le Portugal et l'Angleterre. De nos jours, cette même connaissance sert bien souvent à favoriser les intérêts de puissants conglomérats.

Au Pérou, ces cartes sont conçues par des organismes spécialisés – comme le Service national de photographie aérienne et l'Institut géographique national – et utilisées par différents services gouvernementaux – comme le ministère de l'Agriculture et le service des renseignements –, mais aussi par des entreprises minières, des marchands de bois et des compagnies pétrolières qui ont obtenu du Gouvernement l'autorisation d'exploiter ces ressources naturelles. Ces compagnies paient souvent plusieurs milliers de dollars pour avoir une cartographie minutieuse des zones de montagne et de jungle qui les intéressent. Des cartes qui, pendant dix ans, restent par principe en leur possession.

— Tu imagines ce que les communautés natives pourraient faire avec de telles informations ? Elles pourraient élaborer des plans de développement, mieux surveiller leur territoire, m'avait dit Wendy Pineda, ingénieure géographe à la Rainforest Foundation US, une ONG qui accompagne aussi les quatre veuves de Saweto sur le plan juridique. Quand tu lui demandes pourquoi ces cartes ne sont pas partagées avec les autochtones, l'État te répond : “Ils pourront accéder à ces données dans quelques années." Mais ça n'arrive presque jamais. Et quand ça arrive, il est trop tard, les terres des communautés sont déjà exploitées. L'information va d'abord au plus offrant.

Les compagnies extractives se partagent 70 % de la jungle péruvienne. Alors que, sur certaines cartes de concessions, les entreprises sont représentées par des polygones – de vastes étendues de territoire –, les communautés natives le sont par des points, tels de petits archipels dispersés.

— Mais les communautés aussi sont des polygones ! m'a expliqué Pineda, une Liménienne aux cheveux longs, à la peau sombre et aux yeux vifs, qui, après la mort d'Edwin Chota, a formé des communautés ashåninkas de l'Ucayali afin qu'elles élaborent leurs propres cartes en utilisant des drones et des GPS. L'État figure les communautés par des points, de sorte que tout ce qui se trouve en dehors de ces points soit considéré disponible pour l'exploitation.

Peu importe qu'un peuple ait vécu sur ce même territoire pendant des générations ! Pour l'ingénieure Pineda et le professeur Salisbury, la logique historique d'un grand nombre de gouvernements est simple et perverse : ce qui ne figure pas sur la carte n'existe pas.

Les Asháninkas évitent le conflit. Quand un natif se fâche avec son voisin, il part seul dans la forêt pour se calmer, puis il revient discuter. Pour un Asháninka – nom qui, dans leur langue, signifie "nos frères" – il n'y a rien de pire que de haïr ou de tuer un membre de sa famille.

Les Asháninkas partagent leur nourriture. Quand vous arrivez chez l'un d'entre eux, on vous sert du *masato* – une boisson à base de manioc fermenté – et de quoi manger sans même que vous le demandiez. Ils couvrent 80 % de leurs besoins alimentaires avec des bananes, du maïs, du cacao, de la patate douce et des haricots, qu'ils cultivent dans leurs potagers. Là où ils vivent, ni la terre ni les sites de chasse et de pêche n'ont de propriétaires. L'idée même de propriété privée individuelle leur est étrangère.

Les Asháninkas sont tous oncles, cousins ou neveux les uns des autres. Ils forment une famille. Même lorsqu'ils appartiennent à des communautés différentes ou ne portent pas le même patronyme. Il n'existe ni lignées ni classes. Leurs noms occidentaux – Arévalo, Pérez, Ríos – leur ont été attribués par les anciens propriétaires terriens pour lesquels ils travaillaient et par les missionnaires qui les ont baptisés ainsi pour les reconnaître plus facilement. Les fonctionnaires de l'état civil ont donc changé leurs noms de famille et leurs prénoms par simple commodité.

Au sein de leurs communautés, les Asháninkas ont des chefs. Il s'agit généralement d'un homme capable de mener les autres grâce à sa force de caractère et à sa capacité de persuasion.

— Pour être chef, tu n'as pas besoin d'être asháninka, il faut juste que tu nous aimes, que tu aimes notre culture, dit Ergilia Rengifo, ancienne belle-mère et voisine de Chota. Ce qu'un homme possède, l'autre homme le possède aussi.

Edwin Chota l'électricien ne parlait pas couramment l'ashéninka, mais il est parvenu à organiser sa communauté et à obtenir pour elle beaucoup plus de colis alimentaires en provenance des programmes sociaux que le hameau voisin. Les premières années de son mandat, la communauté de Saweto a été électrifiée grâce à l'implantation de panneaux solaires, a obtenu une radio à deux canaux pour communiquer avec la ville, la construction d'un réservoir d'eau surélevé et d'une école maternelle. Pour la première fois, des papiers d'identité ont été délivrés aux habitants : ils existent désormais en tant que citoyens. Avant sa mort, Chota a supervisé la construction d'un local pour l'école primaire qui, jusque-là, avait lieu chez lui. Le chef ashéninka a obtenu tout cela grâce à sa persévérance auprès de la municipalité et du gouvernement régional, au soutien de diverses organisations et à l'alliance qu'il avait conclue avec les Ashéninkas de la communauté d'Apiwtxa, dans l'État brésilien de l'Acre, pour surveiller la forêt de part et d'autre de la frontière. Il a voulu avoir aussi ce que les indigènes brésiliens avaient : un élevage d'œufs de tortue, un autre de poissons, un jardin de fleurs destinées à l'exportation et des forêts reboisées. Apiwtxa était, à ses yeux, un exemple de "développement".

Mais il n'a pas seulement compté sur son charisme pour nouer des alliances, ni sur sa détermination pour poser des exigences. L'anthropologue de l'environnement Mario Osorio, qui a fait sa thèse sur Saweto à l'université du Kent, en Angleterre, se souvient que, plusieurs jours avant de partir effectuer des démarches, Chota jeûnait et absorbait de l'ayahuasca, la "liane des esprits". Il disait que cette plante hallucinogène, sacrée pour les peuples amazoniens, l'aidait à entrer en connexion avec la forêt.

— Pour Edwin, la protection des forêts était une lutte spirituelle, se souvient l'anthropologue Osorio, qui s'est lié d'amitié avec lui au cours des mois où il a vécu dans sa hutte.

Osorio lui avait appris à utiliser Word et à envoyer des e-mails. Chota lui avait enseigné les coutumes de son peuple.

Les Asháninkas croient profondément au pouvoir du mal. Edwin Chota avait appris d'eux qu'il existe dans le monde des ennemis invisibles qu'il lui fallait également vaincre. Les Anciens les appellent *kamári* : démons. Des esprits qui se cachent dans la forêt, dans les grottes. Des êtres malins qui triturent les os, qui sucent les yeux. Ils sont capables de tuer un nouveau-né ou le plus fort des guerriers. Ils peuvent posséder l'esprit de quelqu'un, asháninka ou pas, et l'obliger à supprimer sans remords son propre frère. Les *kamári* sont l'essence du mal et les trafiquants de bois, tout comme les terroristes d'autrefois, sont quelques-unes de leurs incarnations les plus récentes.

Trop conscient du danger peut-être, Edwin Chota parlait très peu de son autre famille, celle qu'il avait laissée en ville. Pendant les douze années qu'a duré sa lutte, seul son cercle le plus intime – les autres chefs asháninkas, sa femme – savait qu'il avait eu une autre vie. Chota avait divisé sa réalité en deux : la ville, où se trouvaient ses enfants Perla et Edwin ; la communauté, où vivaient Kitoniro (Scorpion) et Tsonkiri (Colibri). C'était mieux ainsi. Les trafiquants de bois le traquaient. Il ne voulait pas faire courir de risque à ses proches.

— Parfois aussi, Chota nous disait : "Qu'est-ce que vous faites ici à souffrir ? À la ville, quand on ne peut pas acheter, on ne peut pas manger. Alors que dans la forêt, il y a tout : des animaux, du manioc, du poisson. Là-bas, vous ne manqueriez de rien", se souvient son père. Il voulait nous y emmener pour qu'on devienne nous aussi des Asháninkas. Il se vexait si tu disais du mal d'eux.

Un soir, Chota avait rejoint ses frères à Pucallpa pour aller à une fête et danser la cumbia. En venant accompagné de deux femmes asháninkas en tenue traditionnelle – elles portaient la *cushma* et marchaient pieds nus –, il les avait copieusement contrariés.

— Edwin nous a sermonnés, il nous a dit que nous étions tous égaux, d'accepter notre race, que nous étions nous aussi des indigènes, des métis, se rappelle son frère Edgar. Il aimait cette culture.

Chota disait avoir eu un professeur asháninka qui lui avait appris à ne pas avoir honte de ses racines. Il jurait également qu'une de ses grands-mères était née dans une communauté amazonienne d'Iquitos, mais que sa famille le niait. Ce qui l'énervait le plus, c'était de voir que les gens – les dirigeants, les chefs d'entreprise, les citoyens, sa propre famille – croyaient, au fond d'eux-mêmes, qu'être indigène signifiait être sauvage, pauvre et inférieur.

Perla Chota a compris à quel point le fait d'être un Asháninka comptait pour son père le jour de ses dix-huit ans, quand il est arrivé à Pucallpa vêtu en chef autochtone. "Ma première réaction a été de le regarder et de faire comme si je ne l'avais pas vu", se souvient Perla, mince, les cheveux teints en châtain, les yeux noirs et vifs. Aujourd'hui âgée de vingt-six ans et mère de trois filles, elle était à l'époque serveuse dans un restaurant de poulets à la braise. Au moment de leurs retrouvailles, chez un membre de la famille, Edwin Chota lui a demandé pardon "d'avoir été un mauvais père" et de l'avoir abandonnée chez une tante quand elle était enfant. Il voulait qu'elle comprenne qu'il était parti "se battre pour quelque chose d'important". Perla se souvient qu'ils ont parlé pendant des heures, pleuré dans les bras l'un de l'autre et qu'ils sont allés dîner. Le lendemain, Chota l'a emmenée dans un village asháninka, sur l'autre rive du río Ucayali, où il avait l'habitude de séjourner quand il effectuait des démarches à Pucallpa. C'est là qu'il lui a présenté ses jeunes frère et sœur.

— Marche à côté de moi, lui a dit son père.

Elle n'a pas vraiment compris ce qu'il voulait dire, mais elle était contente qu'ils soient à nouveau réunis. Leur réconciliation a pourtant été de courte durée. Quelques jours plus tard, alors que Chota déjeunait avec des étrangers, il a vu sa fille passer dans la rue et l'a appelée pour la leur présenter. Perla marchait distraitement, précise-t-elle, elle ne l'a pas entendu et a poursuivi son chemin. Quelques heures plus tard, quand ils se sont revus, son père le lui a reproché : "Tu as honte de moi parce que je suis ashéninka." Le ton est monté. Ils se sont disputés. Elle lui a rendu le bracelet de graines colorées qu'il lui avait offert et elle est partie sans lui dire au revoir. Huit ans plus tard, sur une avenue grise de Lima, alors qu'elle contrôlait des passagers qui montaient dans le minibus de la ligne Villasol-Santa Anita, son portable s'est mis à sonner. Son père était passé aux actualités…

— Il ne s'est jamais soucié de moi, mais ça me fait du bien de savoir tout ce qu'il a accompli, me confie Perla, la voix brisée. Il me disait : "Ton père deviendra quelqu'un d'important." Il a fallu qu'il meure pour que cela devienne réalité.

Depuis la fin des années 1990, Edwin Chota et les Ashéninkas de Saweto assistaient, impuissants, au vol de leurs arbres par des groupes de bûcherons armés de machettes et de carabines. Ces derniers les emportaient des sources du río Alto Tamaya et du río Putaya, en naviguant plus d'une semaine, jusqu'aux scieries de Pucallpa. Quand Chota les dénonçait, les autorités lui répondaient que les inspecteurs n'enquêteraient que s'il leur payait lui-même le bateau, la nourriture et l'essence pour aller dans la jungle de sa communauté.

— Qui va nous défendre ? Qui va défendre notre forêt ? avait lancé Chota à des journalistes du *New York Times*, venus enquêter dans une scierie sur le trafic de bois. Nous sommes menacés de mort. Une mort dont certains se féliciteront. Il n'y a pas de loi ici. Il n'y a pas d'argent pour enquêter. Il n'y a d'argent que pour détruire.

Pourtant, un jour, Edwin Chota a rencontré un homme qui a tenté de leur rendre justice.

Un matin d'avril 2013, il s'est présenté au bureau du procureur Francisco Berrospi pour dénoncer le prélèvement illégal, sur leur territoire, de plus de huit cents troncs de cèdres et de *shihuahuaco*[1], qui se trouvaient désormais dans une scierie du port de Pucallpa. Berrospi – un avocat né à Huánuco, une région de pics enneigés, de vallées torrides et de jungles de haute altitude – se souvient que, lorsqu'il a rencontré le chef asháninka, il a compris que son travail de fonctionnaire allait au-delà de la simple réunion de preuves permettant d'inculper les trafiquants de bois devant un juge.

Ce matin-là de 2013, Berrospi, qui occupait depuis cinq mois seulement ses fonctions de procureur en charge des questions environnementales de l'Ucayali, la région du Pérou comptant le plus grand nombre de scieries, a décidé de prêter l'oreille à Chota. Il s'est levé de son fauteuil, a passé son insigne de procureur autour de son cou, et ils sont partis ensemble en direction du port.

— Touche-le, lui a dit Chota dans la scierie en posant la main sur un énorme tronc de *shihuahuaco*, une espèce qui peut vivre jusqu'à sept cents ans et qui est aujourd'hui menacée de disparition. Tu ne sens pas ? C'est comme si quelqu'un de ta famille était mort.

---

1. *Dipteryx micrantha*, également appelé *cumaru*. *(N.d.T.)*

— Edwin avait un lien très intense avec la forêt, m'a raconté Berrospi dans un café du Centre de Lima. Et il savait comment le transmettre. L'ex-procureur portait un costume sombre, des lunettes en écaille et il avait un menton proéminent.

Dans l'après-midi, après que la totalité du bois eut été saisie, le chef asháninka est retourné au bureau du procureur. Un homme fou de rage l'y attendait. C'était Hugo Soria, le soi-disant propriétaire des troncs confisqués. “Un habitant de Saweto va mourir, lui a lancé le marchand de bois devant une autre procureure, qui a ensuite consigné la menace dans un procès-verbal. Et je vais te dénoncer pour trafic de drogue.”

C'est ainsi que diverses rumeurs ont commencé à courir sur le compte de Chota. Qu'il venait de la VRAEM (Valle de los Ríos Apurímac, Ene y Mantaro), cette vallée de la jungle centrale menacée par les narcoterroristes. Qu'il avait à Saweto des plantations de feuilles de coca et des puits de macération en pâte-base. Qu'il faisait du trafic de drogue vers le Brésil et que la police fédérale de ce pays était à ses trousses. Qu'il achetait des maisons à Pucallpa avec de l'argent sale. Qu'il empoisonnait les rivières pour tuer le bétail de ses opposants. Qu'il exploitait les Asháninkas. Que c'était lui qui faisait du trafic de bois. Qu'Edwin Chota Valera n'était pas son vrai nom, qu'il en avait changé pour échapper à la justice. Un représentant d'Ecofusac, l'une des concessions forestières établies sur les terres de Saweto, l'a accusé de tout cela devant le procureur pénal de l'Ucayali, en guise de vengeance pour ses dénonciations. Le bureau du procureur et la police antidrogue ont enquêté sur Chota pendant un an. Ils n'ont rien trouvé. L'affaire a été classée en juin 2014, mais les menaces de mort et les calomnies ont continué. Edwin Chota avait commencé à casser les pieds des mafieux.

Le trafic de bois pourrait être une version forestière du trafic de drogue, à un détail près : l'abattage d'arbres n'est pas une activité interdite, contrairement à la production et au trafic de cocaïne. Pour être une activité légale, il lui suffit de disposer de documents certifiant que la provenance du bois l'est aussi. Une fois l'arbre à terre, il faut juste certifier qu'il provient d'une source autorisée. Le problème est que ces procédures sont particulièrement sujettes à la corruption.

Dans son rapport *The Laundering Machine* (La Machine à laver), publié en 2012, l'Environmental Investigation Agency (EIA, agence d'investigation environnementale), spécialisée dans les délits écologiques, explique en détail le fonctionnement du système. En vertu des réglementations forestières péruviennes, les compagnies doivent présenter un inventaire annuel des arbres existant sur les terres que l'État leur a concédées et qu'elles prévoient d'abattre au cours de l'année. Mais il est fréquent que ces listes incluent des arbres poussant sur des terres limitrophes et que ces entreprises reçoivent l'autorisation de vendre des centaines de mètres cubes de bois qui ne leur appartiennent pas. Comme il n'y a pas de contrôle dans la forêt, le mécanisme est simple : les compagnies déclarent l'abattage d'une espèce certifiée, mais leurs camions transportent les troncs d'une espèce en voie d'extinction. Elles disent agir dans une zone autorisée, mais elles opèrent en réalité sur les terres d'une communauté autochtone. Elles abattent sept cents arbres et n'en déclarent que la moitié. Au Pérou, les concessions forestières représentent huit millions d'hectares : soit presque sept millions de terrains de foot mis côte à côte. Un rapport de la revue *Scientific Reports* affirme que plus de 70 % des concessions octroyées par l'État péruvien servent de façade au blanchiment de bois[1].

— L'abattage se produit partout, sauf là où la loi stipule qu'il devrait avoir lieu, dit Julia Urrunaga, directrice du programme Pérou de l'EIA. Pour voler ces arbres, les droits de nombreuses personnes sont forcément violés. Mais à Lima, si loin de la forêt, tout le monde s'en fout.

Tous les jours, du bois illégal est blanchi avec la bénédiction des autorités. Les documents qui rendent ce blanchiment possible sont des permis officiels remplis de fausses informations et qu'il est facile de se procurer au marché noir. Les seules essences traçables dans le cadre

---

1. Dans son rapport *Moment of Truth* (2018), l'EIA confirme que, malgré les progrès de la lutte contre l'abattage illégal, le blanchiment et le trafic international de bois péruvien, la corruption systémique demeure accablante. L'industrie du bois, l'autorité principale de régulation (le Service national des forêts et de la faune sylvestre) et d'autres organismes publics ont nié ou minimisé le problème. Ils ont tenté d'affaiblir les institutions qui instaurent les réglementations. Ils ont réduit la collecte de données et ont modifié les conditions d'exportation, rendant pratiquement impossibles la traçabilité du bois et la vérification de la légalité de son origine.

actuel de la loi péruvienne sont celles en voie d'extinction – tels le cèdre et l'acajou, qui servent à fabriquer du mobilier haut de gamme aux États-Unis – grâce aux informations déclarées pour obtenir les permis d'exportation. Mais il n'existe aucun moyen de tracer d'autres essences de valeur – comme le *cumaru* acheté par la Chine, principal consommateur de bois illégal péruvien, pour faire des sols en parquet. Bien que les exportateurs soient tenus de fournir des informations sur l'origine de toutes les essences de bois, il ne s'agit pas d'une pratique obligatoire, donc beaucoup d'entre eux ne s'y soumettent pas. Quand ces arbres arrivent à la douane découpés en planches, enquêter sur leur origine revient à suivre les empreintes d'une fourmi.

— Nous ne pouvons pas vérifier que toutes les cargaisons de bois soient légales, nous n'en avons pas les moyens, a reconnu l'ingénieur Marcial Pezo quand je lui ai rendu visite à la Direction générale des forêts et de la faune sylvestre de l'Ucayali, à la périphérie de Pucallpa. Si le bois exporté dispose de documents officiels, il passe. Je ne suis pas devin.

À l'extérieur de l'institution que dirige Marcial Pezo, chargée d'émettre les permis d'exploitation forestière, il y a des centaines de troncs saisis – *copaiba*, *catahua*, *moena*, *cashimo*, *ishpingo*, *capirona* et autres arbres aux noms ancestraux – en train de pourrir sous l'effet de l'humidité et des pluies. Une partie de ce bois est restituée aux propriétaires présumés lorsqu'ils se présentent avec des "papiers en règle" pour le récupérer. Dans le bureau de Pezo

– où Chota a tenté en vain d'obtenir la titularisation du territoire de Saweto – il y a deux fauteuils faits à partir de cèdre confisqué.

En 2014, année où Edwin Chota a été assassiné, le président régional de l'Ucayali, Jorge Velásquez, faisait encore l'objet de plus d'une centaine de plaintes pour détournement de fonds. Le vice-président en exercice, un exploitant forestier, avait été condamné par l'État à verser une amende pour blanchiment de bois illégal. Les inspecteurs forestiers, dénoncés pour avoir signé des permis frauduleux, occupaient toujours leurs postes. Que les plaintes pour abattage illégal – neuf sur dix de celles qui arrivent sur le bureau du procureur – n'aboutissent pas n'est que le résultat florissant d'un système corrompu. Quatre-vingts pour cent du bois exporté par le Pérou est d'origine illégale, d'après les rapports de la Banque mondiale. Interpol et l'Organisation mondiale des douanes ont mené une opération contre l'abattage illégal dans le pays en 2014 et, en seulement trois mois, ils ont saisi assez de troncs pour remplir près de sept cents camions de déménagement. Pendant l'opération, les exportations de bois ont chuté de moitié. Les pratiques de fraude fiscale de l'industrie forestière illégale font perdre au Pérou quelque deux cent cinquante millions de dollars par an. C'est plus que ce que gagne l'industrie forestière légale au cours de la même période.

Le blanchiment du bois est une activité rentable. Mis à part le transport, les coûts sont faibles et il n'y a pas à se soucier de la décence des salaires ou des bonnes pratiques environnementales. Abattre un arbre de grande taille dans la jungle péruvienne produit environ trois mètres cubes de bois bon pour l'exportation. Les mafieux, réjouis, se frottent les mains : un mètre cube d'acajou, mille sept cents dollars. Un mètre cube de cèdre, mille dollars. Et quand ce bois arrive sur le marché américain, les prix sont multipliés par trois. Trente pour cent du bois commercialisé à travers le monde est illégal. Il s'agit d'une activité qui – d'après le Programme des Nations unies pour l'environnement – brasse jusqu'à cent cinquante-deux milliards de dollars l'année : deux fois plus que ce qu'Apple, Google et Facebook réunis ont gagné en 2017. Et qui est moins risquée que la Bourse : une étude menée au Brésil, aux Philippines, en Indonésie et au Mexique a révélé que la probabilité que le crime d'abattage illégal soit sanctionné est de 0,084 %. Une situation qui concerne surtout les pays au gouvernement défaillant, corrompus et en proie à la violence politique.

En apparence, l'abattage illégal ne porte pas le stigmate criminel du trafic de drogue. Alors que la cocaïne crée une dépendance, le bois d'Amazonie sert à fabriquer des maisons, des tables, des chaises et toutes sortes de meubles. Peu de gens savent que, dans la jungle de l'Alto Tamaya et dans d'autres endroits de la jungle péruvienne, des indigènes coupent du bois dans des conditions proches de l'esclavage ; que, dans les campements des trafiquants de bois, des cuisinières sont violées par les bûcherons ; que des chefs autochtones et des fonctionnaires sont menacés et assassinés pour n'avoir pas accepté des dessous-de-table. Les Nations unies considèrent que le trafic de bois est similaire à celui des "diamants de sang" qui a financé des guerres et engendré des violations massives des droits humains en Afrique. Toutefois, les autorités de Pucallpa, une ville construite au bord de la forêt amazonienne, continuent d'accumuler des plaintes que personne n'examine. Au Pérou, aucun bûcheron n'a été mis en prison pour abattage illégal ou trafic de bois.

— Ici, ce qui est illégal devient légal, m'a dit aussi Francisco Berrospi. Tout se règle avec des pots-de-vin et des combines.

Tout en réajustant régulièrement le nœud de sa cravate bleue, l'ancien procureur me raconte ensuite qu'en 2013, pour pouvoir approfondir la plupart de ses enquêtes, il a eu besoin de se rendre dans des endroits reculés de la jungle, mais que son bureau ne disposait ni de bateau ni d'hélicoptère pour rallier ces zones d'abattage inaccessibles. Quand il confisquait des camions, des tronçonneuses et des arbres, les juges l'obligeaient la plupart du temps à les restituer. Les dessous-de-table étaient si fréquents qu'un procureur anticorruption l'avait même encouragé à accepter les cinq mille dollars qu'on lui proposait pour arrêter une enquête. Il se souvient que son collègue lui avait dit : "Écoute, ici, en un an, tu peux te faire assez d'argent pour te construire une maison, t'acheter une voiture. C'est mieux comme ça." Un jour, Berrospi avait saisi soixante-dix troncs. Une juge avait ordonné qu'ils soient rendus au plus vite à l'exploitant.

— Tu sais ce qu'elle m'a dit ? me demande l'ex-procureur avec un sourire sarcastique. "Comment est-ce que je peux envoyer quelqu'un en prison pour soixante-dix troncs alors qu'il y a des millions d'arbres dans la jungle ?"

Berrospi est devenu un empêcheur de tourner en rond, une pièce qui n'avait pas sa place dans le jeu. On l'appelait parfois en pleine nuit pour le menacer. "Tu vas mourir, sale chien. Pour qui tu te prends ? Un héros ?" Jusqu'à ce qu'en août 2013, deux jours après avoir contrôlé une avionnette de la force aérienne du Pérou qui contenait à son bord une caisse de vingt-quatre kilos de graines d'acajou sans autorisation – en Europe, chaque kilo vaut six mille dollars –, le procureur soit démis de son poste pour "motifs internes". Peu après, les huit cents et quelques troncs confisqués à la scierie de Pucallpa avec l'aide d'Edwin Chota ont été restitués à Hugo Soria, le marchand de bois furibard. Une autre affaire classée.

— Je me sentais impuissant, je criais de rage, reconnaît Berrospi, les sourcils froncés et la voix éteinte. Mais Chota n'était pas comme ça. Il revendiquait puis se calmait, il secouait la tête et se demandait pourquoi on ne menait pas d'enquête. Il disait que je n'avais pas de contact avec la nature, que pour cette raison je sortais de mes gonds. Que je devais marcher pieds nus pour me relier à la terre. Tolstoï a dit que les hommes, quand ils regardent la forêt, ne voient que du bois de chauffage. Edwin m'a dit quelque chose de semblable. C'est pour ça que je me souviendrai toujours du moment où il m'a fait toucher ce tronc d'arbre dans la scierie. J'ai éprouvé une grande tristesse, comme lorsqu'on assiste à un enterrement.

Edwin Chota s'est rendu à Lima pour la dernière fois à l'occasion des fêtes de la Patrie, en 2014. Pucallpa ignorait ses réclamations, si bien qu'il est allé frapper aux portes de différentes institutions du Gouvernement central pour déposer encore une fois ses plaintes : il est allé au Congrès, il a rencontré des représentants de la présidence du Conseil des ministres, il a demandé l'aide du défenseur du peuple, il a alerté les autorités forestières. "De l'aube au coucher du soleil, parfois sans manger, Edwin a attendu une réponse dans ces bureaux", se souvient Margoth Quispe depuis Rome, ancienne défenseuse du peuple de l'Ucayali et conseillère de Chota pour les questions légales. De toutes ces institutions, seuls les inspecteurs de l'Agence de surveillance des ressources forestières et de la faune sylvestre – chargée de sanctionner l'abattage illégal dans les forêts – ont accepté de se rendre à Saweto.

Deux jours avant la mort d'Edwin Chota, les inspecteurs sont arrivés dans la communauté. Chota les a accompagnés dans la forêt. Dans leur rapport – publié après les assassinats des quatre chefs asháninkas –, les experts ont conclu que les deux concessions situées sur le territoire de Saweto – Ecofusa et Ramiro Edwin Barrios Galván – abattaient des espèces non autorisées, sans plan de travail et sans payer d'impôts. C'est la première fois que les autorités venaient jusque-là pour vérifier ce que Chota dénonçait depuis plus d'une décennie.

Ses compagnons – qui seraient assassinés en même temps que lui – ont raconté à sa femme qu'Edwin était faible pendant l'inspection, qu'il n'avait rien mangé, et qu'il avait failli mourir là-bas. Les trafiquants de bois s'en étaient pris à lui. "Que tu le veuilles ou non, on entrera, lui avait lancé un bûcheron en caressant sa carabine. On verra bien qui va gagner : la communauté ou nous."

José Borgo, expert en protection de l'environnement et coordinateur de ProPurús, une ONG qui soutient Saweto dans la défense de ses terres, était un grand ami d'Edwin Chota. C'est un sexagénaire à la peau brunâtre, aux cheveux grisonnants et à la bedaine impressionnante, qui par une chaude après-midi m'a reçu dans son bar, le *Don José*, un établissement très fréquenté sur la promenade de Pucallpa. Les ouvriers du port viennent y trinquer à la bière pendant que des cumbias et des boléros de Lucho Barrios résonnent à plein volume.

Borgo a rencontré Chota en 2002, au moment où ce dernier entamait sa lutte pour obtenir un titre de propriété. Le chef asháninka arrivait par bateau pour effectuer ses démarches, et Borgo l'hébergeait souvent dans un coin de son bar. Lorsqu'il a appris son assassinat, Borgo a passé des jours et des jours à monter un dossier de plus de deux cents pages : c'étaient toutes les lettres, les propositions, les demandes et les plaintes qu'Edwin Chota avait rédigées au cours de ces dix années. Toutes ignorées. Borgo a également écrit cinq noms dans son carnet orange. Sa liste de suspects.

— Tu sais ce qui me révolte le plus ? m'a lancé Borgo.

Sa voix tremblait de rage après qu'il m'eut lu sa liste. Il était assis dans un rocking-chair, le torse nu, en sueur.

— Aucune des plaintes qu'Edwin a déposées contre ces fils de pute n'a abouti. Pas une.

Borgo a transmis ses informations à l'avocat des veuves. Cependant, au cours de la première année d'enquête, seuls deux des bûcherons soupçonnés de meurtre ont été arrêtés. Faute de moyens, la police a paralysé l'affaire et la recherche du dernier corps pendant des mois.

Au cours de cette après-midi suffocante, convaincu peut-être que l'impunité serait inéluctable, Borgo m'a dit qu'il avait préparé son sac à dos. Il était prêt à grimper dans un bateau et à remonter la rivière jusqu'à Saweto. Là-bas, il enquêterait lui-même sur la mort de son ami.

Dans l'une des rares interviews d'Edwin Chota que l'on peut trouver sur YouTube, datée d'avril 2013, il est assis par terre, dans la cachette que des amis brésiliens lui avaient trouvée près de la frontière – on peut voir son bracelet de graines, sa dent manquante et ses yeux fatigués : "Je vais prendre les choses en main pour ma communauté, dit-il. Il faut peut-être que quelqu'un meure pour qu'on nous écoute."

Ce n'était pas son premier avertissement. En 2005, six ans après que ses bottes eurent foulé le sol de Saweto, Chota avait demandé au gouvernement péruvien de le protéger et de protéger les familles de sa communauté parce que les trafiquants de bois menaçaient de les tuer. Il n'avait pas obtenu de réponse. Un an après, il avait dénoncé un bûcheron qui intimidait les chefs asháninkas.

La justice ne l'avait pas écouté. Le cercle vicieux s'est poursuivi pendant des années : Edwin Chota dénonçait les exploitants illégaux qui répondaient par des menaces de mort. Le Gouvernement ne bougeait pas. En 2012, le chef asháninka a de nouveau déposé plainte pour déforestation de son territoire auprès du procureur en charge des questions environnementales de Pucallpa – plainte classée sans suite. L'année suivante, il a repéré l'emplacement de chaque campement illégal à l'aide d'un GPS et a photographié les bûcherons avec leurs tronçonneuses en train d'abattre en une demi-heure des arbres gigantesques, âgés de plus d'une centaine d'années. Chota a présenté les preuves à la police avec les noms et prénoms de chacun de ces hommes. L'affaire a, elle aussi, été classée. En 2014, cinq mois avant d'être assassiné, Edwin Chota a lancé l'alerte une fois de plus : mêmes bûcherons, mêmes menaces de mort, même rejet. Les autorités de Pucallpa ont affirmé ne pas avoir assez d'argent pour aller jusqu'à Saweto vérifier si les dires du chef asháninka étaient vrais.

— Je suis face à un vide, a-t-il dit en regardant la caméra, dans son refuge. À Saweto, nous sommes face au vide institutionnel, au vide gouvernemental. Pour eux, nous n'existons pas.

Pour empêcher la titularisation des espaces forestiers, les trafiquants de bois ont bien évidemment tenté d'éloigner Edwin Chota : ils lui ont proposé des pots-de-vin allant jusqu'à dix mille dollars et l'ont parallèlement accusé de gagner de l'argent avec les organisations qui soutenaient les autochtones. Puis ils sont passés aux menaces.

Ils ont volé les moteurs du bateau communal de Saweto, razzié les fermes et les animaux, criblé de balles le panneau de bienvenue de la communauté et le drapeau péruvien que les Asháninkas hissaient chaque semaine pour chanter l'hymne national. La nuit, les trafiquants traversaient le village en tirant en l'air. La rumeur courait que "quelqu'un" de la communauté allait mourir "s'il continuait de jouer les emmerdeurs". À Saweto, tout le monde savait que ce quelqu'un était Edwin Chota.

Après la mort soudaine d'un être cher, nous avons tendance à croire que les dernières paroles qu'il nous a adressées, un certain rêve ou même le chant d'un oiseau, étaient des signes avant-coureurs. Plusieurs jours avant d'apprendre la mort d'Edwin, ses frères et sa sœur racontent avoir été prévenus dans leur sommeil. Edgar, soudeur, a rêvé qu'un vautour énorme se posait sur la porte de sa maison et qu'il devait le chasser à l'aide d'un bâton. Gilma, commerçante, a rêvé qu'elle creusait une tombe à mains nues. Fernando, boulanger, a rêvé qu'il se trouvait dans une fête où des gens riaient aux éclats.

— Je sais maintenant qu'il s'agissait d'un enterrement, m'a dit Fernando, d'un air grave. Le lendemain, on m'a appelé pour me dire que mon frère était mort.

La veille du jour où on lui a tiré dessus, Edwin Chota a fait un rêve lui aussi : il se trouvait dans un champ au milieu de la jungle aux côtés de sa mère, de sa grand-mère et de son oncle, tous décédés des années auparavant. "Ils l'appelaient", raconte Julia Pérez, sa veuve, une trentenaire menue aux paroles concises et au regard méfiant. Cette nuit-là, alors enceinte de six mois, Julia a été réveillée par les geignements que son mari poussait en dormant. Il était 4 heures du matin. Chota s'est levé en tremblant, couvert de sueur. Il a enfilé un vieux jean, un t-shirt blanc à manches longues – qu'il a ensuite changé pour un t-shirt de couleur sombre – et des bottes en caoutchouc. Il a mis sa moustiquaire et des vêtements de rechange dans son sac à dos, vérifié sa pochette de documents et s'est préparé à rejoindre la communauté asháninka d'Apiwtxa, dans l'État de l'Acre. Là-bas, avec les chefs brésiliens qui subissaient les attaques des mêmes trafiquants de bois, ils planifieraient la défense de leurs terres.

Ce matin-là, Edwin Chota avait un comportement étrange. "Il semblait malade, il ne parlait presque pas", se souvient sa veuve. Il a refusé de prendre le petit-déjeuner qu'elle lui avait préparé, si bien qu'elle a enveloppé le riz à la viande et les maniocs bouillis dans un sac en prévision des deux jours de voyage jusqu'à la frontière. Chota n'était pas précisément un père affectueux, mais il a embrassé ses enfants Kitoniro, sept ans, et Tsonkiri, deux ans, avant de monter dans la pirogue à moteur. Julia Pérez a pensé que son mari se sentait mal à cause du *masato* qu'il avait bu la veille à l'inauguration d'une ferme, selon la coutume asháninka.

Ergilia Rengifo, la femme de Jorge Ríos – le trésorier de Saweto assassiné en même temps qu'Edwin Chota –, a la mémoire qui flanche. Elle ne se souvient plus de son âge, ni de son numéro de carte d'identité. La seule chose dont elle se souvient, c'est cette image : le matin où les dirigeants sont partis vers la frontière, le *chicua* a chanté plus fort que d'habitude. Chez les Asháninkas, le *chicua* – un épervier nain au plumage marron qui vit dans la forêt tropicale – est un oiseau de mauvais augure. S'il se met à chanter – *chicua, chicua !* –, les Asháninkas croient que quelque chose de terrible est en passe de se produire : quelqu'un va mourir noyé dans la rivière, mordu par une vipère ou être maudit par un sorcier.

— Il vaut mieux que vous ne partiez pas, les a suppliés Ergilia. Le *chicua* est en colère, ça porte malheur.

— Ce n'est rien, a tenté de la rassurer son mari. Il y connaît quoi, le *chicua* ? En plus, on part tous les quatre ensemble. Contente-toi de prier le Seigneur.

Ergilia leur a préparé du *boquichico*[1] et du *carachama*[2] frits avec du manioc bouilli pour le petit-déjeuner. "Mais je n'étais pas tranquille, se souvient-elle. Les oiseaux ne se trompent pas." Après la mort de son mari, elle a déclaré avoir vu Eurico Mapes, bûcheron illégal et assassin présumé, remonter la rivière à bord de sa pirogue à moteur. Mapes a regardé fixement les dirigeants asháninkas, comme s'il les comptait.

Quelques minutes avant le départ des chefs vers la frontière, Edwin a parlé avec Ergilia des dernières menaces qu'il avait reçues.

---

1. *Prochilodus* noir, poisson d'eau douce d'Amérique du Sud, d'une vingtaine de centimètres. *(N.d.T.)*
2. *Pseudorinelepis genibarbis*, sorte de poisson-chat invasif du bassin amazonien. *(N.d.T.)*

— Je me suis condamné tout seul, a dit Chota à sa voisine, avant de s'enfoncer dans la forêt.

Il était 10 heures du matin ce 1er septembre 2014.

Six heures plus tard, une rafale de carabine l'effaçait de la surface de la terre.

Trois semaines après l'assassinat des dirigeants asháninkas dans la jungle péruvienne, une banderole blanche à l'effigie d'Edwin Chota est brandie dans les rues de New York. Près d'un demi-million de personnes de différentes villes du monde se sont réunies pour la plus grande marche écologique de l'histoire, quelques jours avant le Sommet sur le climat. Des journalistes, des politiciens, des activistes et des célébrités – allant de l'ancien vice-président des États-Unis, Al Gore, et du secrétaire général des Nations unies, Ban Ki-moon, à Leonardo Di Caprio et Sting – sont descendus dans la rue pour exiger de leurs gouvernants des actions concrètes contre la pollution et la déprédation de la planète. Les activistes péruviens ont porté haut leur banderole et des pancartes où étaient inscrits les noms des chefs asháninkas assassinés, exigeant que les coupables soient retrouvés. Entre-temps, le *Wall Street Journal*, le *National Geographic*, la *BBC* et *El País* ont publié des comptes rendus sur le meurtre de Chota et ses tentatives pour éviter le saccage de la forêt où il vivait avec sa famille. Un article du *Folha de São Paulo* a dit que Chota "était un Chico Mendes de son temps", le comparant ainsi au célèbre *seringueiro* et activiste brésilien, assassiné à la fin des années 1980 pour avoir défendu l'Amazonie. La presse de Lima appelait Edwin Chota le "martyr de la jungle". Pour ces Péruviens à New York, le chef asháninka représentait quelque chose de plus : ce qu'une personne est prête à risquer pour exiger ce qu'elle croit juste.

Pourtant, à plus de cinq mille kilomètres de cette marche, de l'autre côté des Andes, dans le port de Pucallpa, la ville de la jungle orientale du Pérou où Chota est né et a grandi, peu de gens savent qui il était. "Chota ? J'ai vu quelque chose aux infos. C'est l'*Achaninga* qui s'est fait tuer, non ?" hésite le commerçant Francisco Muñoz. "Il fréquentait des sauvages, ils sont pas civilisés. Avant, ils mangeaient les gens. Maintenant, ils t'attaquent. Ils te lancent des flèches", prévient le photographe ambulant Jorge Aliaga. "Un jour, je l'ai transporté sur mon bateau. Un type bien", se souvient le pêcheur Santiago Luna. "Ici, à Pucallpa, personne le connaissait. Ils sont les chefs de leurs communautés, ils vont pas plus loin", affirme Richard Romaina, gardien sur les quais. "C'est le monsieur qui venait avec sa tunique, le visage peint, a dit Luisa Rivera, marchande de produits alimentaires. Pourquoi on l'a tué, vous savez ?"

Être un activiste qui défend un territoire peut s'avérer une activité incomprise, parfois ingrate. De nos jours, cela implique en outre d'être conscient qu'on peut vous tuer. Quatre écologistes sont assassinés chaque semaine dans le monde. La liste des victimes est éloquente. En 2001, le chef autochtone Kimy Pernía a été assassiné par des paramilitaires colombiens pour s'être opposé à la construction d'un barrage. En 2003, l'Équatorien Ángel Shingre a été enlevé et criblé de balles pour avoir attaqué en justice une compagnie pétrolière. En 2009, l'autochtone mexicain Mariano Abarca a été abattu devant sa porte pour avoir protesté contre une entreprise minière. En 2011, le Congolais Frédéric Moloma Tuka a été battu à mort par des policiers lors d'une manifestation contre la déforestation. En 2012, l'activiste cambodgien Chut Wutty a été exécuté par des militaires pour avoir dénoncé des trafiquants de bois. La même année, le dirigeant philippin Jimmy Liguyon a été tué sous les yeux de son épouse pour s'être opposé à un projet minier. En 2015, la Hondurienne Berta Cáceres, pour avoir empêché la construction d'un barrage sur une rivière sacrée pour le peuple lenca, a été abattue chez elle.

Selon Global Witness, plus d'un millier d'écologistes sont morts dans le monde au cours des douze dernières années. Sur une planète qui essore ses ressources, défendre une forêt ou un morceau de terre n'a jamais été une affaire d'idéalistes gâtés ou d'écolos gentillets : en 2011, des mercenaires ont recouru à la peur pour faire cesser les dénonciations d'abattage illégal, et ils ont criblé de balles un couple de Brésiliens qui défendaient une réserve naturelle. Ils leur ont ensuite coupé les oreilles.

Global Witness indique aussi que, jusqu'en 2017, le Pérou était le septième pays le plus dangereux au monde pour l'activisme écologique, et le quatrième d'Amérique – derrière le Brésil, la Colombie et le Mexique. En 2008,

Julio García Agapito, lieutenant-gouverneur d'une bourgade à la frontière bolivienne, a reçu huit balles alors qu'il se trouvait dans les bureaux de l'autorité forestière locale pour avoir arrêté un camion qui transportait de l'acajou illégal. Le crime est resté impuni. En 2013, deux mercenaires à moto ont assassiné Mauro Pío – le chef historique du peuple asháninka – en lui tirant dessus. Pío demandait depuis vingt ans la titularisation des terres de sa communauté et l'expulsion de l'entreprise forestière qui les envahissait. Plus de quatre-vingts Péruviens ont été assassinés pour des causes similaires au cours des deux premières décennies de ce siècle. Et ce chiffre ne recense que les affaires connues.

L'Amazonie demeure l'un des endroits les plus dangereux au monde pour les défenseurs de l'environnement : en 2022, trente-neuf meurtres ont été commis (plus d'un meurtre sur cinq dans le monde) dans la plus grande forêt tropicale du monde.

— Le plus grand danger vient de l'État : il est censé nous défendre, mais il nous trahit, m'a dit Ruth Buendía lorsqu'elle a appris la mort d'Edwin Chota – cette cheffe asháninka renommée s'est opposée à l'entreprise brésilienne Odebrecht pour empêcher la construction d'un barrage sur des terres autochtones. Le Gouvernement nous laisse à la merci des criminels.

Jusqu'au dernier jour de sa vie, Chota a eu l'intention d'aller porter l'affaire de Saweto devant la Cour interaméricaine des droits de l'homme. “Tant que nous ne posséderons pas d'acte de titularisation, les bûcherons ne respecteront pas la propriété indigène, a dit Chota à Scott Wallace, journaliste au *National Geographic*, venu enquêter à Saweto sur le trafic d'acajou en 2013. Ils nous menacent. Ils nous intimident. Ils possèdent les armes." À cause de ces menaces, raconte Wallace, Chota allait souvent se réfugier parmi ses compagnons ashéninkas du Brésil, à deux jours de marche. C'est sur ce même sentier que son cadavre et ceux de ses compagnons ont été retrouvés.

Quelques jours plus tard, les sœurs d'Edwin Chota ont appris, par un oncle, la mort de leur frère aîné, qu'elles ne voyaient plus depuis dix ans. C'est à ce moment-là qu'elles sont tombées sur l'article en ligne de Wallace. Désespérées, elles ont simplement eu l'idée de laisser un commentaire sur le site web du magazine dans l'espoir d'attirer l'attention d'un média.

Luz Chota Valera Pérou, 9 septembre, 1 h 21 pm

Nous sommes les sœurs d'Edwin Chota Valera, nous sommes très tristes de ce qui est arrivé à notre frère, nos noms sont Sonia et Luz Chota Valera, nous vivons à Lima et nous sommes désespérées pour notre frère, son cadavre est en train d'être dévoré par les animaux, nous avons un numéro de téléphone *******, nous avons lu votre commentaire mais nous ne parlons pas l'anglais, nous sommes des personnes modestes et simples mais avec des principes comme ceux de notre frère, il avait dénoncé le danger qui menacait sa vie et celle de ses frères ashéninkas mais les autorités de notre pays n'ont

RIEN FAIT, TOUT EST TELLEMENT INJUSTE, MERCI BEAUCOUP SI VOUS POUVEZ NOUS AIDER, QUE JUSTICE SOIT RENDUE NON SEULEMENT À NOTRE FRÈRE MAIS AUSSI À NOTRE PEUPLE ET À NOTRE NATURE, JE NE SAIS PAS ENCORE SI VOUS SAVEZ CETTE DÉPLORABLE NOUVELLE POUR MA FAMILLE, MERCI BEAUCOUP.

Luz et Sonia Chota – qui s'installeraient quelque temps plus tard à Santiago du Chili, pour travailler dans un restaurant – ont dû emprunter de l'argent et mettre leur télévision et leur chaîne hifi en gage pour acheter deux billets d'autocar et faire vingt heures de trajet jusqu'à Pucallpa afin d'identifier le corps.

Pendant ce temps à Lima, deux jours après l'annonce du meurtre, le sous-officier de police Carlos Napaico allait monter dans un hélicoptère Mi-17 et se rendre à Cuzco pour endiguer un conflit social dû à l'exploitation d'une réserve de gaz naturel quand il a reçu un appel de son supérieur lui réassignant sa mission : lui et ses soixante-dix collègues – tous des policiers antiémeute – devaient voler vers la jungle de l'Alto Tamaya, à la frontière brésilienne, pour retrouver "les cadavres de quelques Asháninkas".

Sans équipement de plongée, les policiers se sont immergés dans l'eau boueuse et pestilentielle d'une fosse à la recherche des corps. Après des jours de fouilles avec l'aide du chasseur Jaime Arévalo, le sous-officier Napaico a fini par trouver la dépouille d'Edwin Chota. Sans radio pour communiquer la nouvelle, ils ont mis les ossements dans un sac, l'ont solidement noué et ont attendu sous des abris de branches et de feuilles en mangeant du thon en boîte et des crackers pendant deux jours de pluie, que l'hélicoptère de l'armée vienne les chercher. Pour le sous-officier Napaico, âgé de vingt-huit ans, ce cadavre était son "billet de sortie" : une fois le corps du dirigeant asháninka trouvé, lui avaient dit ses supérieurs, ils pourraient se tirer de là.

Quand un chef se transforme en martyr, les gens se souviennent de lui comme de l'incarnation de leurs propres luttes. À présent qu'il est mort, Edwin Chota signifiera beaucoup pour ceux qui marchent sur ses pas : la résistance contre l'abattage illégal, la défense des droits autochtones, le combat solitaire de celui qui a foi dans une justice qui n'arrive jamais, l'étrange courage d'un homme de terrain qui s'oppose à l'État. Pour les quatre veuves de Saweto, la mort de leurs maris prouve que les Asháninkas sont capables d'aller jusqu'au bout pour qu'on les écoute.

— Sans titre de propriété, je ne vaux rien, a dit Ergilia Rengifo, la veuve de Jorge Rios, quand elle est allée à Lima exposer l'affaire devant les journalistes à la fin de l'année 2014. Nous autres, nous prenons soin de l'eau, des forêts, et nous n'en prenons pas soin uniquement pour nous, mais aussi pour ceux qui vivent en ville. Nous autres, nous ne sommes pas pauvres. Je suis riche ; sur ma terre j'ai tout. Les pauvres, ce sont les bûcherons qui nous volent ce que nous avons.

Les femmes de Saweto avaient décidé de poursuivre les réclamations de leurs maris jusqu'à obtenir la titularisation de leurs terres. Diana Ríos, première femme ashéninka de Chota et fille de l'un des trois autres chefs assassinés, s'est rendue à New York pour recevoir le prix annuel de la Fondation Alexander Soros – une façon d'élever les chefs autochtones disparus au rang de héros de la cause environnementale – et une somme d'argent pour financer des projets qu'Edwin Chota n'a pas pu achever. Sa mort a conduit le gouvernement péruvien à entamer le processus de titularisation de Saweto[1] et à investir près de trois cent mille dollars dans des programmes de plantations de cacao, de plantes médicinales et la replantation de forêts productrices de bois. En 2014, le président Humala a promis une enquête approfondie sur les assassinats, mais en septembre 2018, quatre ans après ces crimes, l'affaire était toujours en cours. Les quatre hommes arrêtés pendant le procès – dont Eurico Mapes, l'un des assassins présumés – ont été remis en liberté.

— Ils nous ont tout offert, mais ce n'est que du blabla, rien que des mots, a déclaré Julia Pérez, veuve de Chota, devant les caméras des journalistes. Nous ne voyons jamais de résultats.

Les veuves craignaient que les trafiquants ne se vengent sur elles lorsqu'elles seraient de retour dans leur communauté.

---

1. En août 2015, presque un an après l'assassinat d'Edwin Chota et de ses compagnons, la communauté de Saweto a reçu un titre de propriété pour près de huit cents kilomètres carrés. Mais la satisfaction des membres de la communauté n'est pas encore complète. Ils exigent toujours la capture des assassins de leurs chefs. Ils disent que les trafiquants de bois continuent de les menacer.

C'est seulement cinq mois plus tard que la famille d'Edwin Chota a pu procéder aux funérailles. Plus de cent personnes – autorités, activistes, amis – y ont assisté au cimetière général de Pucallpa. Sa dépouille a été incinérée. Sa veuve, son bébé dans les bras, a placé les cendres dans un cercueil blanc. Les médias n'en ont pas parlé. Ou si peu.

Edwin Chota l'avait prédit : quelqu'un allait peut-être devoir mourir pour qu'on les écoute. Cependant, ceux qui l'ont connu le mieux racontent que ce n'était pas ce qui l'inquiétait le plus. "Il disait qu'il l'avait accepté, qu'il allait mourir à un moment donné", dit Margoth Quispe, avocate de la communauté. Chota, unique chef à savoir lire et écrire, était inquiet qu'il n'y ait pas d'autre Asháninka suffisamment éduqué pour affronter les trafiquants de bois. "C'est pour ça qu'il instruisait les autres chefs, dit Quispe. Mais ils sont morts eux aussi."

Ergilia Rengifo, qui fut la voisine de Chota et la femme de Rios, est devenue la nouvelle dirigeante de Saweto. Elle affirme ne pas avoir peur. Elle continuera de défendre la forêt et de dénoncer les trafiquants de bois même au péril de sa vie. Une seule chose la préoccupe :

— Le problème, m'a-t-elle dit, c'est que je ne sais pas lire.

OR

“Cet or et cet argent, ils les conservent chez eux sans leur attacher plus de valeur que n’en comporte leur nature propre. Et qui ne voit qu’elle est bien inférieure à celle du fer, sans lequel les mortels ne pourraient vivre, pas plus qu’ils ne sauraient se passer de l’eau ou du feu, alors que tout au contraire la nature n’a attaché à l’or et à l’argent aucune propriété qui nous serait précieuse, si la sottise des hommes n’ajoutait du prix à ce qui est rare ? La nature, comme la plus généreuse des mères, a mis à notre portée immédiate ce qu’elle nous a donné de meilleur, comme l’air, l’eau, la terre elle-même ; tandis qu’elle écarte de nous les choses vaines et inutiles.”

Thomas More,
L’Utopie ou le Traité de la meilleure forme de gouvernement

“Il fut dit un jour que le Pérou est un mendiant assis sur un banc en or. Si, par cette phrase, il s’agissait d’évoquer une misère volontaire et une richesse immense à portée de main, on commit alors une erreur.”

Jorge Basadre
Réflexions sur le destin historique du Pérou

À l'exception de ses marmites en inox et de sa dent en platine, Máxima Acuña Atalaya ne possède aucun objet en métal de valeur. Ni bague, ni bracelet, ni collier. Pas de bijou fantaisie ni de pierres précieuses. Elle a du mal à comprendre la fascination des gens pour l'or.

Par une matinée glaciale de 2015, bien décidée à poser les fondations d'une maison, Máxima Acuña attaque à coups de pioche secs et précis les roches d'une colline. Elle mesure moins d'un mètre cinquante, mais elle charrie sur son dos des pierres pesant près du double de son poids et elle équarrit en quelques minutes un mouton de cent kilos. Quand elle se rend à la capitale de Cajamarca, la région de la montagne nord du Pérou où elle habite, elle craint d'être renversée par les voitures, mais elle est capable de se planter devant une pelleteuse en mouvement pour défendre le terrain où elle vit, qui regorge d'eau, indispensable aux cultures. Sans savoir ni lire ni écrire, elle a empêché une compagnie minière de l'expulser de chez elle. Pour beaucoup de paysans, d'activistes des droits humains et d'écologistes, Máxima est un exemple de courage et de résistance. Pour ceux qui fondent le progrès d'un pays sur l'exploitation de ses ressources naturelles, elle est une paysanne égoïste et butée. Pire encore : une femme ambitieuse qui cherche à soutirer de l'argent à une compagnie millionnaire.

— Ils m'ont dit qu'il y avait beaucoup d'or sous mes champs et sous le lac, dit-elle de sa voix aiguë, sa tresse noire sur l'épaule et une pioche entre ses mains calleuses. C'est pour ça qu'ils veulent que je m'en aille.

Le lac en question s'appelle la Laguna Azul, le Lac Bleu, bien qu'il soit de couleur grise. Ici, dans les montagnes de Cajamarca, à plus de quatre mille mètres d'altitude, sur le toit du monde, une brume épaisse recouvre tout et estompe le contour des choses. On n'entend aucun chant d'oiseaux, il n'y a pas de grands arbres, ni de ciel bleu, ni de fleurs alentour, car elles meurent toutes rapidement, glacées par le vent. Toutes, sauf les roses et les dahlias que Máxima Acuña a brodés sur le col fuchsia de sa blouse. Nous sommes en janvier. Sa cabane en terre et en pierres, au toit de tôle, est à deux doigts de s'effondrer sous les pluies. La nuit, un froid mordant transperce Máxima jusqu'aux os. Elle a grand besoin de se construire une nouvelle maison, mais qui sait si elle y parviendra.

Par-delà le nuage qui nous enveloppe, à quelques mètres d'ici, en face de son lopin de terre nommé Tragadero Grande, se trouve la Laguna Azul, où Máxima, il y a quelques années encore, pêchait la truite avec son mari et ses quatre enfants. La compagnie minière Yanacocha a pour projet d'assécher ce lac et d'autres ressources en eau afin d'y déposer quatre cent quatre-vingts millions de tonnes de roche, de terre et de déchets toxiques. Quatre cent quatre-vingts millions de tonnes de résidus issus d'un trou gigantesque creusé à grand renfort de machines et de dynamite.

Yanacocha signifie, en langue quechua, le "lac noir". C'est aussi le nom d'un lac qui a disparu au début des années 1990 pour faire place à une mine d'or à ciel ouvert, considérée à son apogée comme la plus grande et la plus rentable du monde. Sous les lacs de la petite ville de Celendín, dans la province de Cajamarca où vivent Máxima et sa famille, il y a de l'or. Pour l'extraire, la compagnie minière Yanacocha avait mis sur pied un projet appelé Conga qui, selon des économistes et des politiciens, devait propulser le Pérou dans le Premier Monde : il était censé attirer de nombreux investisseurs, créer ainsi des emplois, favoriser l'apparition d'écoles modernes et de meilleurs hôpitaux, de restaurants de luxe et de nouvelles chaînes d'hôtels et jusqu'à une ligne de métro dans la capitale, annonçait le président Humala en 2012. Cependant, obtenir tout cela exigeait quelques sacrifices. Le projet Conga allait transformer un lac situé à un kilomètre de la maison de Máxima en une mine à ciel ouvert. Et les déchets miniers seraient rejetés dans deux autres lacs. L'un d'eux est le Lac Bleu.

S'ils font ça, dit la paysanne, elle perdra tout ce qu'elle possède : les quelque vingt-cinq hectares de terre couverte d'*ichu*[1] et autres fourrages irrigués par des sources.

---

1. Plante fourragère des plateaux andins. *(N.d.T.)*

Les pins et les arbustes nains qui lui fournissent son bois. Les pommes de terre endémiques, les *ullucos*[1] et les fèves de sa ferme. Et l'eau que boivent sa famille, ses cinq brebis et ses quatre vaches. Contrairement à ses anciens voisins qui ont vendu leurs terres à la compagnie, la famille Chaupe-Acuña est la seule à vivre à côté de la future zone d'extraction du projet minier : en plein cœur de Conga. Jamais, jurent-ils, ils ne partiront d'ici.

— Certains villageois sont en colère contre moi, ils disent que c'est de ma faute s'ils n'ont pas de travail, que la mine ne fonctionne pas parce que je suis là. Je suis censée faire quoi ? Les laisser me prendre ma terre et mon eau ?

Máxima cesse de fendre la roche et essuie ses mains moites sur sa jupe de laine noire.

Son combat contre Yanacocha, dit-elle, a débuté avec la construction d'une route. Un matin, Máxima s'est réveillée brûlante de fièvre, une douleur lancinante dans le ventre. Atteinte d'une inflammation aiguë des ovaires, elle pouvait à peine se lever de son matelas et marcher. Ses enfants ont loué un cheval pour la conduire dans la vallée, dans la baraque qu'ils ont héritée de leur grand-mère à Amarcucho, une localité à huit heures de route, afin qu'elle s'y rétablisse. Un oncle est resté sur place pour s'occuper de la ferme. Trois mois plus tard, en décembre 2010, quand Máxima s'est sentie mieux, elle et sa famille sont rentrés à la maison, mais quelque chose

1. Plante à tubercules roses, lisses, à chair jaunâtre, très consommées en Amérique du Sud. *(N.d.T.)*

dans le paysage avait changé, ils l'ont remarqué : l'ancien sentier en terre qui traversait une partie de sa propriété était devenu une route, large et plate. Des ouvriers de Yanacocha, leur a dit l'oncle, sont venus avec des rouleaux compresseurs.

Máxima est allée se plaindre au bureau de la compagnie, à la périphérie de Cajamarca. Elle a insisté jour après jour, jusqu'à ce qu'un ingénieur la reçoive. De son sac tissé, elle a sorti un papier usé, jaunâtre, et le lui a montré. C'était son certificat de cession.

— Ce terrain appartient à la mine, a répondu l'autre en jetant un œil méfiant au document. La communauté de Sorochuco l'a vendu il y a quinze ans. Vous voulez me dire que vous n'étiez pas au courant ?

Stupéfaite et contrariée, la paysanne n'avait que des questions à la bouche. Comment une chose pareille pouvait-elle être vraie puisqu'elle avait acheté ce terrain en 1994 à l'oncle de son mari ? Comment était-ce possible puisqu'elle avait nourri le bétail des autres et trait des vaches pendant des années pour économiser de l'argent ? Cette terre, elle l'avait payée deux taureaux de presque cent dollars chacun. Comment Yanacocha pouvait-elle être propriétaire de Tragadero Grande quand elle avait un papier qui disait le contraire ?

Ce jour-là, l'ingénieur de l'entreprise l'a congédiée de son bureau sans lui donner de réponse.

Six mois plus tard, en mai 2011, quelques jours avant son quarante et unième anniversaire, Máxima Acuña s'est rendue potron-minet chez une amie pour lui tisser une petite couverture de laine. À son retour, elle a trouvé les enclos de ses cobayes domestiques renversés ; ses plants de patates et d'*ullucos* détruits ; les pierres que son mari, Jaime Chaupe, entassait pour construire leur nouvelle maison éparpillées çà et là ; leur cabane réduite en cendres. Le lendemain, Máxima et Jaime ont marché pendant plusieurs heures pour se rendre dans la vallée, au commissariat de Sorochuco, afin de porter plainte contre Yanacocha.

— Je viens de parler avec les ingénieurs et ils disent que ce terrain a été vendu, leur a lancé le commissaire, après les avoir fait attendre à l'extérieur, sous un soleil de plomb, pendant cinq heures.

— D'autres ont dû vendre ce qui leur appartient, mais pas mon terrain, a insisté Máxima, son certificat à la main.

— Eh bien, espérons que tu ne l'as pas vendu, parce que si c'est le cas, tu es dans de beaux draps.

Máxima et Jaime ont refusé de quitter le commissariat jusqu'à ce qu'un policier consigne leur plainte. Ensuite ils ont porté ce document au bureau du procureur de Celendín – sans succès. Quelques jours plus tard, un procureur de la province classait leur plainte sans suite : il n'y avait pas assez d'éléments pour prouver que la compagnie minière les avait attaqués.

De retour à Tragadero Grande, les Chaupe-Acuña n'avaient plus qu'à se construire une cabane provisoire à base d'*ichu*. Ils ont tant bien que mal repris leur vie, jusqu'au mois d'août. Le récit que Máxima et sa famille font de ce qui leur est arrivé au début de ce mois constitue une suite de violations qu'ils craignent de voir se répéter.

Tout s'est déroulé sur cinq jours.

Le 8 août, un policier s'est présenté chez eux et a renversé d'un coup de botte les marmites où ils font frire des pommes de terre et bouillir du lait pour leur petit-déjeuner. Il leur a dit d'abandonner le terrain. Ils sont restés.

Le 9 août, des policiers et des vigiles de Yanacocha ont saisi leurs biens, démonté leur cabane et y ont mis le feu.

Le 10 août, la famille a dormi à la belle étoile. Elle s'est couverte d'*ichu* pour se protéger du froid.

Le 11 août, une troupe de policiers munis de casques, de boucliers antiémeute, de matraques et de fusils est venue les expulser, accompagnée d'une pelleteuse. Jhilda, la fille cadette, âgée de quinze ans, s'est mise à genoux devant la machine pour l'empêcher de pénétrer sur le terrain. Pendant que des policiers rouaient de coups sa mère et ses frères pour les faire sortir du chemin, un sous-officier lui a donné un coup de crosse sur la nuque, et Jhilda est tombée, évanouie. Ysidora, la fille aînée, a filmé la suite de la scène avec son téléphone portable. La vidéo dure quelques minutes et on peut la voir sur YouTube : sa mère crie, sa sœur inconsciente gît au sol. Les ingénieurs de Yanacocha regardent la scène de loin, à côté de leurs camionnettes blanches. La troupe de policiers, en rangs, est sur le point de repartir.

Le 12 août a été le jour le plus froid de cette année-là à Cajamarca. Les Chaupe-Acuña ont passé la nuit à la belle étoile, par moins sept degrés.

À maintes reprises, la compagnie minière à nié ces accusations, face à des juges et à des journalistes. Elle a demandé des preuves. Máxima Acuña a des certificats médicaux et des photos dressant l'inventaire des hématomes que les empoignades lui ont laissés sur les bras et les genoux. Pourtant, ce jour-là, la police a rédigé un procès-verbal accusant la famille d'avoir attaqué huit sous-officiers à coups de bâtons, de pierres et de machettes ; toutefois, elle a reconnu ne pas avoir le pouvoir de les expulser sans l'autorisation d'un procureur.

— As-tu déjà entendu parler de lacs à vendre ? me demande Máxima avant de charger une lourde pierre sur son dos. Ou de rivières à vendre et de sources que nous n'aurions pas le droit d'utiliser ?

Après que la presse eut diffusé l'affaire, la lutte de Máxima Acuña a rallié des sympathisants au Pérou et à l'étranger, mais sont apparus aussi des sceptiques et des ennemis. Pour Yanacocha, elle est une usurpatrice de terres. Pour les activistes et les milliers de paysans de Cajamarca, elle est La Dame du Lac Bleu, ainsi qu'ils se sont mis à l'appeler quand sa résistance s'est ébruitée. La vieille métaphore de David contre Goliath était inévitable : c'était la parole d'une paysanne des Andes contre celle de l'entreprise d'extraction d'or la plus puissante d'Amérique latine. Mais ce qui se jouait là, en vérité, impliquait tout le monde : l'affaire de Máxima Acuña traduisait le choc entre différentes conceptions de ce que nous appelons le progrès.

Les astrophysiciens prétendent que l'or qui se trouve dans les entrailles de la Terre, et que nous exploitons fiévreusement, est arrivé de l'espace il y a quelque 3,9 milliards d'années, à l'occasion d'une pluie d'astéroïdes – quand la planète était une gigantesque boule de magma. L'or, en théorie, serait donc tombé du ciel. Ce dont nous pouvons cependant être sûrs, c'est qu'aucun autre métal n'a jamais séduit ni troublé l'imagination des hommes autant que ce minerai éclatant portant le symbole chimique Au – du latin *aurum*, aurore, aube radieuse.

Il suffit d'ouvrir le premier livre venu d'Histoire universelle pour vérifier que le désir de posséder de l'or a précipité des invasions et des guerres, consolidé des empires et des religions, dévasté des montagnes et des forêts, façonné le destin des rois et des empereurs, inspiré des œuvres d'art magnifiques et provoqué des crimes atroces. Le Dieu d'Israël a puni les Hébreux pour avoir idolâtré un veau d'or, puis il leur a demandé que soient faits de ce métal certains des objets du tabernacle, le sanctuaire mobile où il résidait. Les pharaons croyaient que ce métal confirmait leur magnificence dans l'au-delà et étaient enveloppés de feuilles d'or, cette "chair des dieux", lors de leur embaumement. Le consul romain Crassus pensait se couvrir de gloire et d'or en partant en campagne contre les Parthes, mais sa défaite et sa vénalité légendaire lui ont valu une mort par ingestion d'or fondu. Colomb a estimé que l'or des Indes pouvait financer une croisade pour libérer Jérusalem des infidèles et gagner ainsi sa place au paradis. Une fois l'an, Pachacútec faisait recouvrir son corps de poudre d'or, la "sueur du soleil", et descendait se laver dans le lac Titicaca pour se purifier. Pizarro est mort alors qu'il dînait dans son palais de Lima, pourfendu par des épées ennemies, entouré des trésors dorés qu'il avait volés. Isaac Newton a consacré des années à l'alchimie et à l'étude de la transmutation des métaux ordinaires en or. Les Génois et les Florentins en ont fait des pièces de monnaie manifestant leur pouvoir économique. Des chefs arabes ont utilisé l'or et leur zèle militaire pour humilier leurs rivaux par leur habileté commerciale. Les Anglais et les Américains ont élaboré des systèmes financiers complexes fondés sur l'or pour se protéger de la dévaluation et des protestations des pauvres. Des chercheurs de trésor ont chassé John Sutter de son domaine quand son moulin à eau a déclenché la fameuse Ruée vers l'or en Californie. De nombreux explorateurs ont péri dans la jungle amazonienne en cherchant une cité d'or nommée El Dorado. Du roi Midas, maudit pour sa cupidité, au sultan Aga Khan III, qui offrait chaque année son poids en or au peuple ; des mines insalubres d'Afrique du Sud aux chambres fortes aseptisées de Fort Knox ; des foires hindoues du Bengale aux marchés financiers de la City londonienne ; de l'orfèvrerie délicate de la civilisation chimú aux trésors des galions perdus dans les abysses de l'océan, en tout temps, ce métal doré apporté par des roches galactiques il y a des millénaires n'a cessé d'incarner "les passions pour le pouvoir et la gloire, pour la beauté, pour la sécurité, et même pour l'immortalité", d'après Peter L. Bernstein, historien de l'argent.

L'or n'est vital pour aucun être vivant. Il sert, surtout, à nourrir notre vanité et nos illusions de sécurité : plus de 50 % de l'or extrait dans le monde finit sous forme de bijoux ornant des millions de cous, d'oreilles, de mains et de dentitions. Quarante pour cent sert de garantie financière, sous forme de lingots et de pièces de monnaie gardés par les banques centrales. Et 9 % est utilisé par l'industrie des télécommunications (dans les portables, les ordinateurs, les téléviseurs, les systèmes GPS) et par les sciences de la santé (les tests pour diagnostiquer la malaria et le VIH, mais aussi les traitements contre l'artériosclérose et le cancer, utilisent des nanoparticules d'or). À part ça, l'or a moins d'usages pratiques que d'autres métaux et alliages. L'acier nous permet de construire des immeubles, des bateaux, des voitures, des machines en tous genres. Mais l'or, minerai tendre, ne permet pas de forger des outils ni des armes résistantes. Cependant, c'est l'or que nous qualifions de métal précieux. Ses propriétés principales – il ne rouille jamais, il ne perd jamais son éclat – font de lui l'un des métaux les plus convoités. Quand l'acier se sera émoussé et oxydé, l'or – chimiquement inerte – sera toujours intact. L'or survit au passage du temps, aux catastrophes naturelles, aux manigances humaines. Le problème, c'est qu'il y a de moins en moins d'or à exploiter.

Certains s'imaginent que l'or est extrait par tonnes entières et que des centaines de camions le transportent sous forme de lingots dorés vers des chambres fortes ultra-surveillées, alors qu'en réalité il s'agit d'un métal rare. En réunissant tout l'or obtenu au cours de l'histoire – cent quatre-vingt-sept mille tonnes, d'après les calculs du Conseil mondial de l'or – et en le fondant, c'est à peine si l'on arriverait à remplir quatre piscines olympiques.

Les gisements les plus riches de la planète s'épuisent et les nouveaux filons sont de plus en plus difficiles à trouver. Plus de la moitié de l'or présent dans nos vies a été extrait au cours des cinquante dernières années. Et le minerai qui ne l'a pas encore été est généralement enfoui en quantités minuscules sous des lacs et des montagnes inhospitalières.

Pour obtenir une once d'or – la quantité nécessaire à la fabrication d'une alliance – il faut extraire cinquante tonnes de terre, de quoi remplir quarante camions bennes. Après l'opération, le paysage révèle un contraste violent : alors que les compagnies minières couvrent la Terre de plaies tellement énormes qu'elles sont visibles de l'espace, les particules d'or extraites sont si minuscules que deux cents d'entre elles pourraient tenir dans une tête d'épingle.

L'une des dernières réserves d'or gît, précisément, sous les montagnes et les lacs de Cajamarca, où la compagnie minière Yanacocha opère depuis la fin du XXe siècle. Or, cette même région des Andes est habitée depuis des générations par des centaines de paysans. Dont Máxima Acuña. Une femme qui vit sur une mine d'or, mais qui n'a jamais vu ni encore moins touché la moindre pépite de ce métal jaune, inutile à ses yeux.

Si quelqu'un tente de rendre visite à Máxima Acuña, il se peut qu'un portail en fer l'en empêche. Aller chez elle nécessite quatre heures de route en minibus en partant de Cajamarca, à travers des vallées, des montagnes et des gorges étroites et vertigineuses, avant d'arriver aux abords du Lac Bleu. Ce trajet n'aurait rien de compliqué s'il ne fallait pas passer par le poste de surveillance du projet minier Conga – du quechua *kunka*, cou, collet. Si vous venez de Lima ou d'un pays étranger, on ne vous laissera pas poursuivre votre chemin. Si vous dites que vous voulez voir Máxima Acuña, vous ne passerez pas, à moins de sortir une caméra de télévision. Cette dame a des problèmes avec la mine, dira le vigile en gilet orange, talkie-walkie à la main. Il vous fera alors descendre du véhicule et notera votre nom dans un carnet et quand vous lui direz qu'il s'agit d'une voie publique, il répétera que non, monsieur, c'est impossible, cette voie est réservée aux gens de la communauté. Si vous insistez, il appellera les policiers qui patrouillent dans une fourgonnette blanche de la compagnie minière. C'est une propriété privée, diront-ils. Alors il se peut que vous préfériez payer un bakchich au chauffeur qui vous a conduit jusqu'ici pour qu'il fasse un détour et roule deux heures de plus jusqu'à Santa Rosa, la communauté la plus proche de la maison des Chaupe-Acuña. Vous l'atteindrez à la tombée de la nuit. Contre un peu plus d'argent, un paysan acceptera peut-être de vous emmener à moto sur un chemin creux plein de flaques, jusqu'à la proximité d'un autre poste de surveillance. Vous devrez alors descendre de la moto et traverser une colline, dans l'obscurité et accroupi, afin que les gardes de Yanacocha ne vous repèrent pas. De l'autre côté, la moto vous attend. Vous continuerez. Dix minutes après, vous arriverez à Tragadero Grande. Autour de vous, tout n'est que boue et pâturage et brume. Des chiens aboient. L'obscurité est tellement profonde qu'elle semble avaler la lumière des lampes torches.

— Ici, on vit comme des otages, a dit Máxima la nuit où je l'ai rencontrée, pendant qu'elle tisonnait le bois pour faire chauffer une marmite de soupe de pommes de terre. On ne peut pas s'éloigner, on ne peut pas recevoir de visite, on ne peut pas marcher librement. C'est bien triste de vivre comme je vis.

Trois décennies avant de devenir La Dame du Lac Bleu, quand elle n'était encore qu'une petite fille, Máxima Acuña avait une peur panique des policiers. Chaque fois qu'elle en voyait un dans les rues de son village, elle se mettait à pleurer et s'agrippait aux jupes de sa mère, effrayée par ces hommes en uniforme vert pétrole, aux bottes couvertes de poussière. Máxima, la troisième d'une fratrie de quatre enfants, était très timide. Quand des gens leur rendaient visite, à Amarcucho – du quechua *amarukuchu*, coin à serpents –, elle se cachait. Elle n'avait pas d'amies. Elle ne jouait pas à la poupée, mais elle aimait confectionner des habits pour les nouveau-nés du voisinage.

À l'époque, au début des années 1970, le Pérou était aux mains des militaires. Pendant des siècles, les propriétaires terriens avaient été les maîtres de tout ce qui se trouvait sur leurs domaines : les montagnes, les lacs, les rivières, et même les paysans indiens qu'ils employaient. Les Indiens, dans la pratique, n'avaient aucun droit. Ils vivaient pour travailler sur les exploitations de leurs patrons, presque comme des esclaves. Un tel pays est une bombe à retardement. Un jour du printemps 1968, deux ans avant la naissance de Máxima Acuña, le général Juan Velasco Alvarado a fait un coup d'État. Il a puni les propriétaires terriens en leur confisquant leurs domaines agricoles, qu'il a donnés aux paysans. Pour la première fois depuis des siècles, ces derniers pouvaient posséder la terre : "un changement majeur dans l'histoire des Andes – a écrit l'anthropologue Enrique Mayer, professeur à l'université Yale –, comparable à l'abolition de l'esclavage aux Amériques". Le régime, qui promettait une révolution nationaliste, proclamait : "La terre est à celui qui la travaille." Tel était le programme, telle était l'utopie.

Dans les montagnes de Cajamarca, la petite Máxima grandissait dans cet ordre nouveau où les paysans, les gens comme elle, devenaient un peu plus des citoyens. Ses parents avaient ainsi obtenu une petite parcelle à Amarcucho. Máxima passait ses journées à tresser des chapeaux de paille blanche, à nettoyer les enclos des cobayes domestiques, à ramasser du bois et à aider sa mère aux champs. Celle-ci lui apprendrait à tisser des ponchos, des couvertures et des jupes qu'elle vendrait, plus tard, sur les marchés. Son père est mort quand elle avait huit ans et elle n'a jamais été envoyée à l'école. Elle avait envie de grandir vite pour pouvoir travailler, avoir sa propre ferme et s'acheter une paire de chaussures. Elle voulait, si elle avait un jour des enfants, qu'ils ne marchent pas pieds nus comme elle.

Les années ont passé. Le corps de Máxima a changé, mais pas son caractère. Elle ne sortait pas faire la fête. Elle ne parlait pas aux garçons. "À dire vrai, la môme ne parlait à personne, se souvient Jaime Chaupe, son mari, un cinquantenaire robuste et taciturne, au nez épais. Elle était très têtue et forte comme un homme."

Jaime et Máxima se sont mariés quand il avait dix-huit ans et elle seize. Pendant les premières années de leur mariage, Máxima a vécu chez ses beaux-parents. La famille de Jaime – du même hameau, propriétaire de plusieurs petites parcelles de terre – l'obligeait à se lever à l'aube pour ramasser du bois, éplucher du blé et du maïs pour les journaliers, laver le linge de toute la famille. Ils l'insultaient, la frappaient, la couvraient de honte de ne pas savoir lire ni écrire. C'est pour cette raison qu'elle a toujours été très sévère avec ses enfants, au point de les enfermer à la maison, de leur interdire toute fréquentation amoureuse et de les frapper fort avec une ceinture quand ils n'étudiaient pas.

— Si tu ne sais pas lire, qui te donnera du travail à la ville ? dit Máxima, qui, avec ce qu'elle gagnait grâce au tissage et à l'élevage du bétail, a envoyé ses enfants étudier à l'université de la ville de Cajamarca. Quelqu'un qui a un métier a un avenir assuré là-bas. Pas les gens comme moi.

Máxima ne voulait plus subir ces mauvais traitements. Alors, pendant les années où elle a vécu avec sa belle-famille, lorsque Jaime partait pendant des semaines travailler dans d'autres fermes, elle a élevé les brebis des autres, elle a tissé et vendu des sacs besaces et des couvertures afin d'économiser assez d'argent pour pouvoir acheter son propre terrain et y vivre avec ses enfants. Et c'est ce qu'il s'est passé, jusqu'au début du conflit avec Yanacocha.

Au cours des six années de procès, d'appels et d'audiences qu'elle a traversées depuis que la compagnie a tenté de l'expulser de Tragadero Grande, Máxima a découvert beaucoup d'autres choses dont elle ne voudrait pas pour elle. Elle a décidé, par exemple, qu'elle n'habiterait jamais en ville. La première fois qu'elle est allée à Cajamarca pour dénoncer la destruction de sa cabane, elle a failli se faire renverser deux fois car elle ignorait la signification des feux rouges. Elle a constaté que la fumée noire des voitures lui donnait des boutons, que les nouilles des restaurants l'écœuraient, qu'elle détestait le goût des olives et qu'elle ne pouvait pas sortir seule dans la rue car elle se perdait tout le temps.

— En plus, là-bas, tout marche avec l'argent. Ici, quand je veux manger, j'attrape mes bêtes, je loue mes bêtes, ou je vais travailler à la minga[1] de pommes de terre, deux ou trois jours, et on me donne un sac de patates. Quand je veux de la viande, je tue une poule, un cobaye. Ici je sème, j'élève, je couds. Dans la ville, je me sens une moins que rien.

---

1. La minga ou minka – du quechua *minccacuni*, "demander de l'aide en promettant quelque chose en retour" – est une tradition précolombienne de travail communautaire ou collectif volontaire à des fins d'utilité sociale ou à caractère réciproque. Elle est encore en vigueur aujourd'hui dans plusieurs pays d'Amérique latine.

Au cours de ces années-là, elle a aussi découvert qu'elle pouvait exprimer ce qu'elle ressentait à travers des chansons. Máxima sait chanter. Lors des manifestations avec d'autres paysans et des activistes, il y a toujours quelqu'un qui l'encourage à s'arrêter pour improviser devant la foule un *yaraví* – un chant andin doux et mélancolique – qui raconte leur lutte. Quand sa bataille contre Yanacocha a commencé, elle a appris comment elle s'appelait : elle avait toujours cru qu'elle se prénommait Maximina, ainsi que sa mère avait l'habitude de l'appeler, jusqu'au jour où son avocate, lisant son document d'identité, lui a révélé que son véritable prénom était Máxima. Un prénom sans diminutif.

Il y a un dicton populaire que la plupart des Péruviens entendent un jour ou l'autre, dans la rue ou à l'école : "Le Pérou est un mendiant assis sur un banc en or." Il s'agit d'une métaphore – attribuée par erreur au naturaliste italien Antonio Raimondi – qui évoque l'immense richesse en ressources naturelles que le pays possède, et dont, tout au long de son histoire, par manque de discernement ou à cause de la corruption de la classe politique, il n'a pas su profiter. Ou pis : d'une richesse que d'*autres*, depuis cinq siècles, exploitent sous son nez.

Quand, en 1532, la botte espagnole s'est plantée pour la première fois dans la terre du Tahuantinsuyo, les Incas possédaient le plus vaste empire de la planète : il était plus étendu que la Russie en expansion d'Yvan le Grand, plus vaste que le puissant Grand Zimbabwe des plateaux d'Afrique occidentale, plus grand que l'Empire ottoman, que l'Empire aztèque et beaucoup plus grand que n'importe quel État européen de l'époque[1]. Atahualpa, le dernier souverain de cette civilisation, alors qu'il ordonnait l'exécution de son demi-frère pour conserver le trône, a été capturé à Cajamarca par Francisco Pizarro et ses soldats. Atahualpa avait remarqué que ses ravisseurs éprouvaient un désir irrationnel pour l'or. Les Incas ne connaissaient ni le fer ni le verre. Pas plus que la poudre. Et ils n'utilisaient pas davantage la roue. Mais ils connaissaient très bien ce minerai jaune : il était beau, facile à travailler, parfait pour réaliser des bijoux et des statues en l'honneur de leurs dieux. Mais l'obsession des envahisseurs pour l'or – qui ne pouvait pas être mangé, bu ou tissé, et se révélait trop tendre pour fabriquer des armes ou des outils – leur semblait inexplicable. Alors, en échange de sa liberté, Atahualpa a tendu son bras le plus haut possible et a tracé une ligne rouge sur le mur de sa cellule : il la ferait remplir jusque-là de pièces d'or et d'argent, un trésor aujourd'hui estimé à 1,5 milliard de dollars, la rançon la plus élevée jamais payée de l'histoire

---

1. Dans *1491 : nouvelles révélations sur les Amériques avant Colomb* (2006), l'écrivain et reporter Charles C. Mann indique que le Tahuantinsuyo en était venu à s'étendre sur 32 degrés de latitude, recouvrant des territoires comme la Colombie, l'Équateur, le Pérou, la Bolivie, le Chili et l'Argentine, comme si une seule et même puissance possédait les terres comprises entre Saint-Pétersbourg et Le Caire. Malgré son pouvoir, cet empire est celui qui a duré le moins longtemps : à peine cent ans, avant d'être écrasé par l'Espagne.

de l'humanité. Pizarro et ses lieutenants se sont partagé le butin et ont étranglé l'Inca devant ses sujets.

À partir de là, tandis que les soldats espagnols spoliaient l'or du Nouveau Monde pour que la noblesse le dilapide en soieries, en porcelaines et en épices venues d'Asie, Cajamarca allait devenir l'une de ces régions où les guerres, les épidémies, le travail des esclaves dans les mines et le métissage laisseraient une cicatrice profonde dans la mémoire émotionnelle de la population autochtone. La métaphore du mendiant assis sur un banc en or deviendrait ainsi, pour des générations de Péruviens, une allégorie de la spoliation, qui a de nos jours sa version contemporaine : des gens malheureux observant de très heureuses corporations dynamiter la terre pour en extraire de l'or.

Le Pérou est l'exportateur d'or numéro un d'Amérique latine et le numéro six au niveau mondial, après la Chine, l'Australie, la Russie, les États-Unis et le Canada. Cette position s'explique, en partie, par les gisements d'or qu'il possède et les investissements de multinationales telles que Newmont qui, jusqu'en juin 2018, détenait 51 % des actions de Yanacocha[1]. La compagnie péru-

---

1. En octobre 2005, après six mois d'enquête, le *New York Times* a publié un reportage intitulé "Tangled Strands in Fight Over Peru Gold Mine". Jane Perlez et Lowel Bergman, récompensés par le prix Pulitzer, y racontent comment la compagnie Newmont Mining a obtenu le contrôle de la mine Yanacocha, après avoir émis des accusations de corruption et de dessous-de-table. En 1993, sous la dictature du président péruvien Alberto Fujimori, les propriétaires historiques de Yanacocha étaient Newmont, le péruvien

vienne Minas Buenaventura et la japonaise Sumitomo Corporation se partagent le reste. Rares sont les multinationales qui ont connu une expansion aussi agressive que celle du géant de Denver, qui possède des mines à ciel ouvert sur les cinq continents : des hauts plateaux du Ghana jusqu'aux sommets du Pérou. Elles créent des emplois et favorisent l'accès à des services de base dans des bourgades reculées, ce qui leur permet de détenir le record douteux de la plus grosse quantité de déchets produite par once d'or de toute l'industrie minière.

En un jour, Yanacocha creuse près de deux cent mille tonnes de terre et de roche, de quoi ériger trois pyramides de Khéops. Des montagnes entières disparaissent en une semaine. Une once d'or vaut environ mille trois cents dollars. Pour extraire une telle quantité, tout juste bonne à fabriquer une paire de boucles d'oreilles, ce sont presque vingt tonnes de résidus chargés de produits chimiques et de métaux dangereux qui sont produits.

Ces déchets sont toxiques pour une raison : les compagnies d'extraction d'or, lors d'un procédé appelé lixiviation, empilent la roche qui contient le métal et versent

---

Buenaventura et le français BRGM (Bureau de recherches géologiques et minières). Cette année-là, la société s'est retrouvée paralysée quand les Français ont cédé une partie de leurs actifs miniers à un concurrent de Newmont, la compagnie minière australienne Normandy. Des milliards de dollars étaient en jeu. Le géant de Denver a alors saisi les tribunaux péruviens pour faire respecter le droit de préemption, et, avec l'intercession du conseiller de Fujimori, Vladimiro Montesinos, a remporté l'affaire devant la Cour suprême de justice péruvienne.

par-dessus une solution de cyanure et d'eau afin qu'elle s'y infiltre goutte après goutte, en dissolvant l'or sur son passage. Le cyanure est un poison mortel. Une quantité de la taille d'un grain de riz suffit à tuer un être humain, et un millionième de gramme dissout dans un litre d'eau peut tuer des dizaines de poissons dans une rivière. Yanacocha, propriétaire de la plus grande mine de lixiviation au cyanure du pays, insiste sur le fait que le cyanure est maintenu sur le site du chantier et qu'il est traité selon des standards de sécurité très élevés. Beaucoup d'habitants de Cajamarca doutent que ces procédés chimiques soient aussi propres que cela.

Pour prouver que leur peur n'est pas absurde ou "antiminière", ils racontent l'histoire d'Hualgayoc, une province minière à plus de cent kilomètres de la maison de Máxima Acuña, où les eaux de deux rivières sont devenues de couleur rouge et où plus personne ne se baigne. Ou celle de San Antonio de Pachachacas, où un lac qui alimentait la communauté a été pollué par l'huile carbonisée qui s'échappait de la mine. Ou celle du village de Choropampa, où un camion engagé par Yanacocha a déversé par accident du mercure liquide sur la route et intoxiqué des centaines de familles. À Choropampa, des gens, préalablement payés par la compagnie minière, ont nettoyé le métal toxique sans combinaison de protection. Des femmes et des enfants ont recueilli le mercure dans des bouteilles et l'ont caché chez eux, croyant que ce fluide argenté contenait de l'or. Ils en ont subi les conséquences quelques jours plus tard : vertiges, fièvres, vomissements. Des paysans avec des boutons sur la peau, victimes d'hémorragie, prostrés dans des lits d'hôpital. Des paysans qui, dix-sept ans plus tard, attendent toujours d'être indemnisés[1].

Un certain type d'extraction minière est inévitable et nécessaire pour mener la vie confortable qui est la nôtre. Nos maisons sont faites de ciment, de fer, de sable et de pierres, couvertes de toitures en aluminium et en plaques de zinc, autant de matériaux obtenus dans des mines à ciel ouvert. Nous leur ajoutons du carrelage, de la faïence ou du marbre, des murs et des fenêtres de verre aux cadres en aluminium partiellement fabriqués à l'aide de matériaux miniers, sans parler de tous les câbles électriques faits de cuivre, ni de l'acier des voitures, ni de la cuillère que nous portons à notre bouche, ni même du scalpel du chirurgien qui opère les cœurs mal en point. Cependant, l'activité minière, y compris la plus avancée technologiquement et la moins agressive d'un point de vue environnemental, est considérée dans le monde entier comme une industrie sale. Pour Yanacocha, qui a déjà mauvaise réputation, expurger son image des fautes écologiques

---

1. Après cette fuite de mercure à Choropampa en 2001, Newmont a envoyé au Pérou Lawrence Kurlander, alors "numéro trois" de la compagnie, pour mener un audit environnemental. Kurlander a identifié vingt problèmes graves prioritaires à la mine de Yanacocha, confirmant ainsi les plaintes des paysans : l'eau était polluée et les poissons en passe de disparaître. Ses découvertes étaient tellement sérieuses – relate le reportage du *New York Times* d'octobre 2005 – que Kurlander a signalé dans un mémo que les directeurs exécutifs pouvaient faire l'objet "d'une enquête judiciaire et être passibles d'emprisonnement".

qu'elle a commises peut s'avérer une tâche aussi ardue que de ramener à la vie les truites d'un lac pollué.

Le rejet des communautés inquiète les investisseurs miniers, surtout effrayés par la possibilité de voir leurs gains diminuer. En 2015, Yanacocha a estimé que les filons d'or de ses autres mines seraient épuisés à l'issue des cinq prochaines années d'exploitation. Le projet Conga – qui occuperait une superficie comparable à un quart de la ville de Lima – permettrait la poursuite de ses activités grâce à ses réserves d'or : plus de six millions d'onces. Dans son étude d'impact écologique, la compagnie minière explique qu'elle asséchera quatre lacs, mais qu'elle construira quatre bassins de rétention d'eau qui seront alimentés par les pluies pour approvisionner les quarante mille personnes qui ont aujourd'hui accès à l'eau grâce aux rivières nées de ces sources. Elle extraira de l'or pendant dix-neuf ans, mais elle investira près de cinq milliards de dollars et emploiera une dizaine de milliers de personnes. Les entrepreneurs locaux et étrangers s'enrichiront. L'État percevant plus d'impôts, il pourra investir dans des infrastructures routières, scolaires et dans d'autres chantiers publics. Les emplois seront plus nombreux et de meilleure qualité. Telle est l'offre de Yanacocha. Une promesse de prospérité pour tous.

Face à cette image idyllique de l'avenir, les politiciens et les économistes qui applaudissent à tout rompre le projet ne manquent pas, mais les ingénieurs et les écologistes qui s'y opposent pour des raisons de santé publique sont nombreux aussi. Robert Moran, de l'université du Texas, et Peter Koenig, ancien fonctionnaire de la Banque mondiale, sont des experts en gestion de l'eau. Ils ont expliqué que les vingt lacs et les six cents sources existant dans le secteur du projet Conga forment un système hydrologique interconnecté : une sorte de système circulatoire qui s'est créé au long de millions d'années. Détériorer quatre lacs affecterait tout l'ensemble pour toujours.

Contrairement à d'autres endroits des Andes, il n'existe pas dans la montagne nord du Pérou de glaciers capables de fournir assez d'eau à ses habitants. Les lacs de montagne tiennent lieu de réservoirs naturels. La terre noire et les pâturages fonctionnent comme une vaste éponge qui absorbe l'eau de pluie et l'humidité de la brume. C'est ainsi que naissent les rivières et les sources qui irriguent les plaines. Dans une région comme Cajamarca – où 40 % du territoire pourraient être affectés à l'exploitation minière –, des milliers d'agriculteurs et d'éleveurs comme Máxima Acuña Atalaya, chaque jour plus informés et mieux organisés, craignent que l'exploitation de l'or pollue leurs uniques sources d'eau[1]. Ils ne

---

1. En 2014, des toxicologues de l'université de Barcelone et des chercheurs de l'université de Cajamarca ont publié l'étude "Heavy Metal and Metalloids Intake Risk Assessment in the Diet of a Rural Population Living Near a Gold Mine in the Peruvian Andes (Cajamarca)" dans la revue *Food and Medical Toxicology*. Leurs travaux ont révélé des niveaux élevés de plomb, de cadmium et d'autres métaux lourds dans les aliments et dans l'eau des communautés paysannes vivant aux alentours de la mine de Yanacocha. Les valeurs les plus hautes ont été enregistrées près de la circonscription administrative de La Pajuela. Ces métaux sont associés à des taux élevés de cancers,

font plus confiance aux dirigeants qui avaient promis de les défendre.

Un soir du début de l'année 2011, dans cette même région où Atahualpa avait été exécuté cinq siècles plus tôt par ses ravisseurs, le candidat de gauche de l'époque à la présidence du Pérou, Ollanta Humala, vêtu d'un poncho typique de Cajamarca, a prononcé un discours sur la place d'Armes, devant la foule.

— J'ai vu un ensemble de lacs et on me dit que vous voulez les vendre à la compagnie minière. Vous voulez vendre votre eau ?

— Nooooooooon !

— C'est quoi le plus important ? L'eau ou l'or ?

— L'eauuuuuuu !

— Parce que vous ne buvez pas de l'or, vous ne mangez pas de l'or. Nos enfants boivent de l'eau, notre bétail boit de l'eau. C'est ce qui donne le lait, les fromages, nos richesses. L'eau aux Péruviens ! Et nous allons la défendre comment ?

Le candidat Humala levait les bras, souriait, saluait, était accueilli par des applaudissements et des cris de plus en plus euphoriques.

---

d'insuffisance rénale et de maladies cardiovasculaires. "Il est raisonnable de conseiller aux habitants de La Pajuela de ne pas boire l'eau de leurs sources", concluait le rapport. Une étude du ministère de l'Environnement a signalé cette année-là que la mine avait contaminé l'eau de la communauté de San José, proche de La Pajuela (www.sciencedirect.com/science/article/abs/pii/S0278691514002932).

Un an après ce discours, à Lima, l'écharpe présidentielle en bandoulière, Humala s'est retrouvé confronté à cette même foule, en colère cette fois, à cause de son soutien au projet Conga. Le nouveau président a déclaré Cajamarca en état d'urgence. Personne ne pouvait se réunir librement. Les policiers entraient chez les gens sans autorisation judiciaire. La répression des manifestations s'est terminée par une fusillade à Celendín. Parmi les victimes, un garçon de seize ans.

Dans trois provinces touchées par le projet Conga, dont celle de Cajamarca, les anciens partisans de Humala l'ont désavoué : ils l'ont qualifié de traître et de menteur. Dans la ville de Cajamarca, les murs de certaines rues ont été couverts de graffitis : "Conga, non !", "De l'eau, pas de l'or". En 2012, l'année des manifestations les plus tendues contre Yanacocha, l'institut de sondage Apoyo annonçait que huit habitants de Cajamarca sur dix étaient contre le projet. À Lima, où sont prises les décisions politiques du Pérou, la prospérité qu'avait entraînée le cours des métaux créait l'illusion que le pays allait continuer à se remplir les poches. Mais à la seule condition que Conga fût accepté. Dans le cas contraire, ont alerté certains leaders d'opinion, une catastrophe se produirait. "Rejeter Conga, ce serait se tirer une balle dans le pied", a écrit dans une tribune Pedro Pablo Kuczynski, qui disputait alors la présidence à Humala. Pour les entreprises, le projet Conga serait une bouée de sauvetage en temps de crise : le jalon entre un Avant et un Après. Pour des paysans comme Máxima Acuña, cela signifiait que quelques personnes s'enrichiraient à leurs dépens. Les paysans demeuraient encore et toujours les mendiants de la vieille métaphore.

Certaines personnes disent que l'histoire de Máxima Acuña est utilisée par des groupes antiminiers qui ne veulent pas que le pays se développe. Cependant, les actualités locales ternissent depuis longtemps l'optimisme de ceux qui soutiennent les investissements à tout prix : au Pérou, sept conflits sociaux sur dix sont causés par l'exploitation minière, d'après le Défenseur du peuple. Selon les statistiques officielles, Cajamarca est la région qui produit le plus d'or mais aussi celle qui compte le plus de pauvres de tout le pays.

Máxima Acuña a découvert qu'elle était courageuse quand elle a vu des policiers frapper ses enfants, lors de son premier affrontement avec Yanacocha. Avant de devenir une icône de la lutte sociale, Máxima avait les mains moites et devenait nerveuse lorsqu'elle parlait devant un officiel. Après qu'on eut tenté de l'expulser en 2011, elle a dû apprendre à se défendre devant un juge.

Cette année-là, la compagnie minière a porté plainte contre les Chaupe-Acuña pour délit d'usurpation aggravée. D'après les avocats de l'entreprise, les paysans avaient envahi le terrain après avoir frappé des policiers et des vigiles privés. Dès lors, l'avocate Mirtha Vásquez s'est chargée de prouver l'innocence de Máxima et de sa famille devant les tribunaux.

Vásquez est une femme menue de quarante ans, à la peau claire, au petit nez et aux cheveux lisses et noirs comme ses yeux. Elle vit à Cajamarca. En tant que directrice de l'ONG Grufides, elle a rencontré un très grand nombre de paysans abusés par les compagnies minières de Cajamarca, mais jamais, dit-elle, elle n'avait vu de femme qui ose défier le pouvoir de Yanacocha, tout en ayant le système judiciaire de la province contre elle.

— Les procureurs de Celendín se croyaient tout-puissants, se souvient l'avocate spécialisée en droit de l'environnement, qui a postulé dans sa jeunesse à la fonction de juge et qui a perdu ses illusions en voyant tant de magistrats corrompus dans les tribunaux. Ils ont maltraité Máxima et Jaime, ils ont dit d'eux qu'il n'était pas étonnant que des gens sans éducation commettent des délits.

Les époux Chaupe-Acuña devaient assister aux audiences – d'abord à Celendín, la province où ils vivent, puis dans la ville de Cajamarca –, mais ils n'avaient pas les moyens de s'offrir le transport. Alors ils se levaient avant l'aube et faisaient huit heures de marche jusqu'à la communauté de Sorocucho pour prendre un minibus qui les conduisait au tribunal. Quand ils arrivaient enfin, les magistrats ajournaient fréquemment la séance parce que les représentants de Yanacocha avaient annoncé à la dernière minute qu'ils ne pourraient pas y assister.

À Cajamarca, les quatre enfants de Máxima demeuraient sur leurs gardes. Quand je les ai rencontrés, ils vivaient tous ensemble dans une pièce d'une trentaine de mètres carrés, aux murs bleu ciel, située au fond d'une menuiserie sombre et poussiéreuse. C'était là qu'ils mangeaient, étudiaient et dormaient ; ils déménageaient régulièrement pour des raisons de sécurité. Un soir, deux hommes cagoulés avaient menacé de mort Ysidora Chaupe à la sortie de l'université où elle étudiait la comptabilité. Daniel Chaupe, son frère cadet, qui avait développé des problèmes pulmonaires après que les policiers l'eurent frappé à coups de matraque, s'est vu refuser un emploi dans une quincaillerie. Le propriétaire lui a dit qu'il n'embaucherait jamais le fils "d'une antiminière".

Pendant ce temps, à Tragadero Grande, Máxima et Jaime assurent avoir été harcelés par la compagnie. Ils racontent que les camionnettes blanches de Yanacocha se garaient devant leur terrain jusqu'à six fois par jour ; les vigiles prenaient des photos, surveillaient ce que faisait la famille. Un jour, un véhicule de la mine a écrasé deux moutons et les vigiles en ont volé deux autres. Une autre fois, ils ont tué Mickey, le chien qui protégeait les moutons des attaques de renards et aboyait sur quiconque s'approchait de leur terrain. Certaines nuits, disent Máxima et Jaime, ils ont entendu des coups de feu. Toute la famille les a entendus. Ils aimeraient pouvoir le prouver.

Devant le tribunal de Celendín, les Chaupe-Acuña ont perdu deux procès. Ils ont été condamnés à près de trois ans de prison et à verser près de deux mille dollars de dédommagement à la société minière. Et ils ont été sommés de quitter les terres qu'ils avaient envahies. L'avocate Vásquez explique que les juges et les procureurs n'ont pas pris en considération les preuves que la famille avait présentées, comme le certificat de cession, l'acte de vente et le témoignage des proches qui leur avaient vendu le terrain. Même les certificats médicaux qui énuméraient les coups reçus lors de la première expulsion ont été égarés de manière douteuse dans le bureau d'un des procureurs de la province. L'avocate de la famille a fait appel devant la Cour supérieure de Cajamarca, et un nouveau procès a été ouvert. Au cours de ces mois-là, avec l'aide de la coopération internationale, Máxima Acuña et sa fille aînée se sont rendues en Europe pour faire connaître leur situation et chercher des soutiens.

Rocío Silva Santisteban, alors secrétaire exécutive de la Coordination nationale des droits de l'homme, se souvient qu'à la veille de son départ en avion pour Genève, où elle allait exposer son cas devant les Nations unies, Máxima avait passé l'après-midi chez elle, à Lima. Puis elles étaient sorties se promener sur le rivage de Miraflores, avec ses parcs verdoyants, son pont et son phare solitaire. Máxima regardait tout avec une curiosité méfiante. Elle n'avait jamais vu des gens aussi pressés, ni des constructions aussi hautes, ni traversé des avenues aussi éclairées. Elle n'avait jamais vu la mer la nuit, ni d'aussi près. Ce qui l'intriguait le plus, c'était de savoir comment les Liméniens parvenaient à acheminer l'eau jusqu'au dernier étage des immeubles.

Son premier vol international a conduit Máxima en Suisse – le pays qui achète le plus d'or au Pérou –, où elle s'est entretenue avec une fonctionnaire du Haut-Commissariat des Nations unies. En France, elle a rencontré la Fédération de la métallurgie et une sénatrice, Laurence Cohen, qui lui a rendu visite à Tragadero Grande quelques mois plus tard. En Belgique, à l'occasion d'un forum sur les droits humains, elle a entendu parler d'autres femmes ayant vécu des histoires semblables à la sienne. Yolanda Oquelí, au Guatemala : mère de deux enfants, grièvement blessée par balles pour avoir pris la tête de manifestations pacifiques contre un projet minier qui devait envahir le territoire de deux communautés. Carmen Benavides, en Bolivie : menacée pour s'être opposée à l'industrie minière qui pollue la rivière où vit la minorité ethnique à laquelle elle appartient. Francia Márquez, en Colombie : persécutée par des paramilitaires qui veulent installer dans son village une exploitation aurifère à grande échelle. Francisca Chuchuca, en Équateur : poursuivie pour s'être opposée à un projet d'exploitation aurifère qui polluerait deux rivières alimentant en eau un demi-million de paysans. Dans le story-telling de la modernisation, ce sont elles, les vauriennes : chacune d'elles a été accusée de s'opposer au progrès.

Máxima Acuña revendique sa différence sur un point : elle ne cherche pas à être une organisatrice, ni une activiste, pas plus qu'elle n'aspire à devenir porte-parole. "Je veux juste qu'on me laisse vivre tranquillement sur ma terre et qu'on ne pollue pas mon eau", a-t-elle déclaré. Sans l'avoir voulu, la femme timide, récipiendaire en 2016 du prix Goldman (parfois considéré comme le prix Nobel de l'environnement), est devenue une source d'inspiration pour tous ceux qui luttent contre la spoliation de leurs terres. "Elle est l'une des rares personnes qui ne se sont pas vendues à la mine", dit Milton Sánchez, secrétaire de la plateforme interinstitutionnelle de Celendín, qui a passé plusieurs nuits à Tragadero Grande, avec des centaines de *ronderos*[1] et de défenseurs des lacs pendant les manifestations. Glevys Rondón, directrice exécutive de l'ONG Latin America Mining Monitoring Programme et traductrice de Máxima Acuña pendant son voyage en Europe, dit que, contrairement à la plupart des militantes qui ont un discours articulé, celui de son amie péruvienne est très personnel et intime.

— Dans le monde, dit Rondón, il y a d'autres Máxima.

En 2003, une entreprise a porté plainte contre l'Argentin José Luis Godoy pour la prétendue usurpation d'un terrain sur lequel il habite depuis soixante ans et qui abrite des carrières de granit rouge. En 2011, la police a incendié la maison de l'Équatorien Alfredo Zambrano pour qu'il abandonne le bout de forêt tropicale où il vit et dont le Gouvernement l'a exproprié pour créer un lac artificiel. En 2012, des tueurs à gages ont crevé les yeux du fils de la Vénézuélienne Carmen Fernández, parce qu'elle s'opposait à ce que les terres de son ethnie soient octroyées à des compagnies minières de charbon. En 2014, le Nicaraguayen Fredy Orozco a été accusé d'être un guérillero parce qu'il n'a pas laissé la police

1. Membres d'une *ronda campesina*, un type d'organisation de défense communale qui a émergé de manière autonome dans les zones rurales du Pérou au milieu des années 1970. *(N.d.T.)*

l'expulser de ses terres pour construire un canal transocéanique. Tous, à l'image de Máxima Acuña, ont été accusés de sacrifier le développement de leurs pays à des fins personnelles. De jouer les victimes devant les caméras pour tirer profit des entreprises. D'être utilisés par des ONG qui sont au service de leurs seuls intérêts. Certains les traitent même de terroristes.

Máxima dit qu'elle veut seulement mener la vie qu'elle connaît et qui lui appartient : cultiver des pommes de terre, traire des vaches, tisser des couvertures en laine, boire l'eau de ses sources et pêcher des truites dans la Laguna Azul, sans qu'un vigile lui dise : "C'est une propriété privée." Elle préférerait ne pas avoir à se battre. Aussi, quand on lui demande de raconter ce que la compagnie minière lui a fait, il lui arrive de refuser. Elle dit qu'en Europe, les réunions l'ont amenée à répéter son histoire dix fois par jour. Elle finissait tellement fatiguée et déprimée qu'en arrivant à l'hôtel elle pouvait seulement dormir.

Sa santé s'est effondrée au retour de ce voyage. Au cours de ces mois-là, l'incertitude de la procédure judiciaire aidant, Máxima sentait sa tête lourde comme une pierre, elle avait mal aux os, elle souffrait de vertiges et d'étourdissements. Rocío Silva Santisteban, de la Coordination nationale des droits de l'homme, l'a emmenée voir un docteur. Le diagnostic : stress sévère accentué par les symptômes de la ménopause. Elle devait se reposer. On lui a prescrit des comprimés pour dormir, des sirops, des hormones. Elle a suivi une psychothérapie. Elle a cessé de donner des interviews. Pendant que Máxima reprenait des forces pour son troisième procès à Cajamarca, Yanacocha a élargi son équipe d'avocats à six et a engagé Arsenio Oré Guardia, ténor du droit pénal au Pérou et conseiller juridique de compagnies minières comme Barrick et Doe Run. L'avocate Mirtha Vásquez reconnaît s'être sentie intimidée à la perspective de plaider contre Oré Guardia, auteur de livres qu'elle avait étudiés avec ferveur à l'université. Ils avaient déjà perdu deux procès ; à présent, ils risquaient de perdre contre un cador du droit. Un matin de 2014, l'avocate Vásquez a réuni la famille Chaupe-Acuña dans son cabinet. Elle voulait être sincère : le prochain jugement, leur a-t-elle dit, était leur dernière chance de gagner. S'ils perdaient, la famille devait envisager d'aller vivre ailleurs. En restant, leurs vies seraient en danger. Máxima lui a répondu qu'elle y resterait jusqu'à sa mort.

À quoi pensez-vous lorsqu'un juge vous déclare innocent d'un délit ? Quand, à la fin de l'année 2014, la Cour supérieure de Cajamarca l'a acquittée de l'accusation d'occupation illégale de Tragadero Grande, Máxima Acuña a pensé qu'elle allait poursuivre sa vie. Elle a cru que Yanacocha cesserait de la persécuter. Alors, avec sa famille, elle a choisi une colline protégée par un sommet plus élevé, à deux cents mètres de son logis, pour y ériger une nouvelle maison, car celle qu'elle occupait menaçait de s'effondrer sous les pluies. Tout en buvant des gorgées de *cañazo*, une eau-de-vie de canne à sucre, et en mâchant des feuilles de coca pour lutter contre la fatigue et le froid, les époux ont creusé les tranchées. Avec l'aide d'amis de la communauté, ils ont ramassé des pierres pour les soubassements et commencé à ériger les murs avec de l'argile. Mais quelques semaines après qu'ils eurent posé les premières pierres, des hommes de la sécurité et des ouvriers de Yanacocha sont entrés sur leur terrain armés de pelles et de pioches pour détruire les fondations. Máxima, Jaime et les deux jeunes qui les aidaient ce jour-là ont tenté de se défendre à l'aide de pierres. La sécurité de la compagnie minière les a chassés à coups de matraque. Ce soir-là, Yanacocha a diffusé une vidéo de ce qu'il s'était passé. Elle a dit que l'endroit où les Chaupe-Acuña construisaient leur maison n'appartenait pas aux terres en litige et que l'entreprise avait défendu sa propriété. L'avocate de Máxima a donné tort à Yanacocha : le verdict de la justice, a-t-elle expliqué, impliquait tout le territoire de Tragadero Grande. Il s'agissait, a-t-elle dit, d'un acte d'intimidation. La police de Cajamarca – qui avait signé une convention, valable jusqu'en 2012, pour assurer la sécurité de la compagnie minière – n'est pas intervenue. Seul un escadron de sous-officiers posté au bord du chemin longeant le terrain a observé de loin comment Yanacocha, à coups de pioche, démolissait en quelques minutes ce que les Chaupe-Acuña avaient bâti.

Au siège de la compagnie Yanacocha, à Lima, certains bureaux ont pour noms Perol, Chica, Mamacocha, Azul – du nom de lacs qui pourraient disparaître pour les besoins du projet Conga. Juste à côté, il y a le bureau du chimiste Raúl Farfán, directeur des relations publiques de la compagnie. C'est un homme jeune aux cheveux gominés et aux yeux attentifs qui m'a reçu un matin dans son appartement de Chacarilla, un quartier résidentiel et élégant. Son travail consiste, entre autres choses, à veiller aux bonnes relations entre la compagnie minière et les communautés locales. Farfán, qui se consacre depuis vingt ans à des questions de responsabilité sociale au sein de multinationales telles que Shell, Antamina et Xstrata, m'a dit qu'il comprenait les raisons pour lesquelles la population se méfiait de Yanacocha – "dans ce genre de situation, il est normal d'éprouver de la sympathie pour le plus faible" –, mais qu'il n'y avait pas que du vrai dans les déclarations de la famille.

— Nous n'avons pas détruit leur maison, a affirmé Farfán, en poste depuis dix mois quand je l'ai informé de ce qui s'était passé à Tragadero Grande. Nous avons juste enlevé les fondations d'une nouvelle construction pour qu'ils cessent d'envahir notre propriété.

Pour mieux expliquer les raisons de cette décision, le chimiste a ouvert une carte des propriétés foncières sur son ordinateur portable. Y figurent deux terrains achetés par le projet Conga à la communauté de Sorocucho en 1996 et 1997. La zone de Tragadero Grande, dont Máxima Acuña et sa famille revendiquent la propriété, serait comprise dans ces transactions. Le comité de gestion de Sorocucho a signé les documents de vente. Samuel Chaupe, le beau-père de Máxima Acuña, a également signé et garanti le transfert des terres. De fait, a dit Farfán, il y a des photos satellites prouvant que les Chaupe-Acuña mentent lorsqu'ils disent qu'ils ont vécu à cet endroit depuis 1994 : sur les images de Google Earth qu'il m'a montrées, il n'y avait ni baraque ni ferme. Pour l'entreprise, la famille a envahi les terrains récemment, en 2011, quand le conflit Conga a éclaté. Yanacocha dit que le certificat de cession qu'exhibe "cette dame" n'est pas un titre de propriété. Que seule la communauté de Sorocucho était détentrice des titres, et pouvait vendre ces terres. C'est pourquoi la compagnie les a dénoncés et a demandé à la police de les expulser. Telle est sa version de l'histoire.

— Avec la construction de la nouvelle maison, ils commettaient une nouvelle effraction, a dit Farfán. Quand vous voyez un étranger se mettre à construire sur votre propriété, vous avez le droit d'enlever les fondations qu'il a posées dans les quinze jours qui suivent. C'est ce que dit la loi. Nous avons défendu ce qui nous appartient.

Quelques jours plus tard, par une après-midi de pluies torrentielles à Cajamarca, Miguel Ayala, qui présidait la communauté de Sorocucho à l'époque où les premiers terrains ont été vendus au projet Conga, m'a dit que la version de l'entreprise était biaisée.

— La compagnie minière dit que la famille l'a envahie, mais comment est-ce possible puisque j'ai signé et donné aux Chaupe le certificat de cession de leur terrain il y a vingt ans ?

Assis dans un coin de son magasin d'alimentation, Ayala m'a expliqué que les Chaupe-Acuña, comme beaucoup d'autres familles paysannes, avaient décidé de s'installer dans les parcelles de terre hautes des montagnes, où se situe Tragadero Grande, pour y cultiver et élever du bétail. En ce temps-là, au début des années 1990, le Pérou était en proie à une crise politique et économique. La guerre entre l'armée et les terroristes du Sentier lumineux faisait couler le sang des paysans dans tout le pays. Les banques et les entreprises étrangères répugnaient à investir. À Cajamarca, les parcelles de terre basses produisaient de moins en moins, sous le coup des sécheresses de plus en plus intenses. La croissance démographique réduisait les terres propices aux cultures. En revanche, dans les parcelles les plus hautes de la montagne, il y avait de vastes terres inhabitées, avec de l'eau, où ne vivaient que les renards, les pumas, les viscaches et qui, selon Ayala, ne valaient pratiquement rien car la mine n'existait pas encore.

C'est à cette époque que Máxima et Jaime ont décidé d'aller vivre à Tragadero Grande, une parcelle qui appartenait alors à l'oncle de Jaime. Tragadero Grande faisait partie d'une parcelle beaucoup plus grande qui appartenait à la communauté paysanne de Sorochuco. Un jour, l'oncle leur en a cédé la propriété. Ils ont signé un acte de vente. Et en janvier 1994, un an après que Yanacocha eut produit son premier lingot d'or, le conseil de direction de la communauté a remis un certificat de cession aux Chaupe-Acuña. Ayala s'est souvenu qu'à partir de là le couple descendait de sa parcelle jusqu'à Sorochuco pour faire du troc : ils apportaient des sacs de pommes de terre et d'*ullucos*, qu'ils échangeaient contre des petits pois et du maïs produits par d'autres paysans.

Dans le monde andin, il existe une longue tradition de cession des terres selon les règles paysannes. Alejandro Diez, anthropologue spécialisé dans les organisations rurales, m'a expliqué que le droit péruvien stipule qu'une communauté paysanne est définie comme une organisation de familles qui habitent et contrôlent des terres et sont liées par des liens ancestraux, sociaux, économiques et culturels. Les *comuneros*, ou membres d'une même communauté, n'ont pas de titres individuels de propriété : la terre appartient à tous. Si vous êtes né dans la communauté, si vous êtes l'enfant d'un *comunero* ou si vous avez été accepté comme membre, alors une parcelle vous revient et l'on vous donne un certificat de cession. Lequel équivaut, pour eux, à un titre de propriété. Si vous détenez une parcelle et que vous souhaitez partir, ce terrain doit être rétrocédé à la communauté. Mais l'habitude a été prise de le vendre à un autre paysan. Dans les Andes péruviennes – où coexistent plus de six mille communautés paysannes –, la terre est occupée, travaillée et habitée de cette façon. En revanche, dans "le Pérou moderne", gouverné à partir des villes, la terre est achetée et vendue indépendamment de la façon dont elle est occupée, travaillée, habitée. La terre est un bien, un produit comme un autre. La loi contre les coutumes. Máxima Acuña et sa famille semblent prisonniers d'une brèche ouverte entre ces deux conceptions du monde.

— C'est un imbroglio causé par un État précaire, m'a expliqué Diez dans son bureau de l'université pontificale catholique du Pérou. Reste à savoir qui, de la famille ou de l'entreprise, est dans son bon droit. Je ne serais pas étonné que les deux aient des droits.

Yanacocha assure que ses titres de propriété – qui, sur ses cartes, incluent Tragadero Grande – sont étayés par la loi, ce qui est vrai. Mais il existe des plaintes qui affirment que les terrains en sa possession, acquis au début des années 1990, appartenaient à des communautés et des familles qui ont été poussées à vendre sous la pression d'une expropriation. De nombreux paysans, pauvres et sans instruction, racontent qu'ils n'étaient pas conscients que les roches situées sous leurs champs renfermaient d'immenses richesses. D'autres affirment que leurs voisins ont vendu frauduleusement des terres qui n'étaient pas les leurs[1].

Miguel Ayala a dit qu'il avait fini par recevoir, en moyenne, un dixième de la valeur réelle de chaque hectare qu'il a vendu. Dans les hauteurs de Celendín, Máxima était la voisine de son beau-père, Samuel Chaupe, qui lors d'une assemblée générale de Sorochuco a bel et bien signé le document qui cédait son terrain à Minas Conga. Samuel a liquidé son terrain parce qu'il avait besoin d'argent

---

1. Dans *La grande exploitation minière paie-t-elle les impôts qu'elle devrait payer ? L'affaire Yanacocha* (2014), les journalistes Raúl Wiener et Juan Torres démontrent que, pour un total de 20 609 hectares, Yanacocha a payé 1 073 000 dollars : environ 52 dollars par hectare. L'étude estime à environ 10 millions de dollars le préjudice économique pour les familles paysannes de Cajamarca.

pour faire opérer son fils cadet. Une lourde poutre lui avait fracturé la tête alors qu'il construisait une maison.

— C'est une chose réelle, sincère, m'a dit Ayala. Máxima et Jaime n'ont pas signé ce document, par conséquent ils n'ont pas vendu leur domaine.

Le différend entre la famille de Máxima Acuña et l'entreprise minière était compliqué du fait des vides juridiques, mais aussi des relevés de chiffres et des interprétations topographiques. En 2012, alors que le conflit entre les Chaupe-Acuña et Yanacocha débutait à peine, un expert du gouvernement régional de Cajamarca, l'ingénieur civil Carlos Cerdán, s'est rendu à Tragadero Grande, le domaine de la discorde.

Cerdán est un spécialiste de la cartographie. Ce quadragénaire maigre, au nez anguleux et aux lunettes en cul de bouteille, a passé une matinée à délimiter la superficie exacte du terrain en utilisant trois GPS, la carte nationale et les limites consignées dans les actes officiels des deux parties. L'étude a conclu que la parcelle acquise par les Chaupe-Acuña – presque vingt-cinq hectares – n'aurait pas été incluse dans les terres achetées par Yanacocha. Ou, en tout cas, m'a expliqué Cerdán, seule une partie de cette parcelle l'aurait été, mais pas la totalité. Et ce, à cause d'un petit problème : si les limites sont clairement indiquées sur les actes officiels, les calculs et les mesures qui ont été "prises à vue de nez" posent question. Il y a un amas de chiffres et de relevés qui ne correspondent pas à la réalité. Les cartes ne sont pas infaillibles.

— Mais nous commettons tous des erreurs, a dit l'ingénieur. Moi-même je peux me tromper.

L'étude de Cerdán n'a été examinée à aucun moment du procès. La défense des Chaupe-Acuña aussi bien que celle de Yanacocha ont reconnu que, pour résoudre ce litige, il serait nécessaire de saisir un tribunal civil où chacun présenterait ses preuves pour démontrer qui est propriétaire. Quand bien même cette procédure serait lancée, Yanacocha assure qu'elle ne laissera pas Máxima et sa famille construire une nouvelle maison.

— Nous voulons éviter que les terres soient systématiquement envahies, qu'une autre famille arrive et veuille à son tour les occuper, déclare Raúl Farfán, cadre de Yanacocha. Nous ne voulons pas créer de précédent néfaste pour le pays.

La politique moderne, faisait remarquer le philosophe Paul Virilio, consiste à administrer la peur publique. Quand on parle du projet Conga, certains craignent que la terre et l'eau ne soient polluées. D'autres, que des émeutes éclatent dans les rues et que les investisseurs déguerpissent. Les métaphores du progrès – et de ses ennemis – changent selon qui les énonce.

Quelques semaines avant que je rende visite au chimiste Farfán, l'avocat Wilby Cáceres, directeur juridique de la compagnie minière, avait été plus grandiloquent dans l'expression de ses craintes. Pour lui, l'endroit où les Chaupe-Acuña tentaient de bâtir une autre maison avait été habité par des meneurs antiminiers lors des manifestations contre le projet Conga. “Nous craignons que cette propriété soit occupée par ces gens-là", m'a dit Cáceres, au téléphone. Mais il y a une autre raison, évidente, que d'autres dirigeants de Yanacocha rechigneraient à admettre devant un dictaphone : tant que Máxima Acuña et sa famille resteront là, et même si l'entreprise recevait le soutien de la population[1], le projet Conga ne pourra pas voir le jour.

À 6 heures du matin à Tragadero Grande, un soleil timide pointe entre les collines, révélant peu à peu ce que la brume de l'aube dérobait au regard. Une maison en terre. Des poules qui tournevirent çà et là. Une cuisinière à bois où du lait chauffe dans une casserole noircie par la suie. Une radio à piles posée sur un rocher. Une station appelée Tigre, très écoutée par les fidèles de l'Église adventiste du septième jour, qui diffuse des *huaynos* joués au violon et à la harpe. À quelques mètres de là, La Dame du Lac Bleu, avec son chapeau de paille à larges bords, veille sur ses brebis.

---

1. Pour le reportage *The Curse of Inca Gold* (2005), réalisé par PBS-Frontline et le *New York Times*, Lowel Bergman a interviewé Roque Benavides, alors président exécutif de Minas Buenaventura, propriétaire de 43 % des actions de Yanacocha. Quand il l'a interrogé sur le permis social d'exploitation (l'autorisation donnée par les communautés à une entreprise d'exploiter les ressources de leur secteur), Benavides, l'un des grands patrons les plus puissants du Pérou, a répondu : "Je déteste le terme « permis social ». Je ne comprends pas ce que signifie ce « permis social ». Nous appliquons, fondamentalement, une responsabilité sociale, en prenant soin des gens. Mais un permis social ? J'attends un permis des autorités, du ministère des Mines, du gouvernement régional, mais je n'attends pas de permis de l'ensemble des communautés."

Un mois a passé depuis que je l'ai vue casser des pierres et les transporter sur son dos sur cette colline, mais le sol que nous foulons aujourd'hui est couvert de débris : mottes de terre boueuse, paille et bois moisi par la pluie. Ce sont les restes de l'expulsion : les ruines de ce qui allait devenir sa nouvelle maison. À un jet de pierre de là, la compagnie minière Yanacocha a installé une vaste clôture grillagée autour d'une prairie destinée à l'élevage des alpagas. À l'intérieur, une guérite de sécurité fait face à la maison de Máxima. Il y a quelques jours, l'un des vigiles s'en est approché pour proposer du travail à son mari. Il lui a dit que Yanacocha ne voulait plus se battre.

— Maintenant ils veulent la paix, le dialogue. Comme si je n'étais qu'un objet dont ils peuvent faire ce qu'ils veulent, comme si de rien n'était ?

Máxima hausse le ton, elle regarde au loin le gardien des alpagas emmitouflé dans son écharpe.

— Ils disent que j'ai vendu mon terrain, que j'ai dépensé tout l'argent, que je suis une personne culottée, profiteuse, perverse. Voilà comment ils m'ont diffamée. Ils ont frappé mes enfants. Et maintenant ils veulent nous donner du travail. Je préfère ne pas avoir d'argent. Ma terre me rend heureuse, l'argent non.

À l'époque, certains médias avaient révélé l'existence de titres de propriété démontrant que les époux Chaupe-Acuña possédaient neuf autres terrains – près de huit hectares au total – dans le hameau d'Amarcucho, l'un des plus pauvres de Cajamarca. Ces informations laissaient entendre que la famille arrivait sur un terrain vide, l'occupait et ensuite se l'appropriait. Sans subtilité, elles présentaient Máxima Acuña comme une usurpatrice professionnelle. Ysidora Chaupe, sa fille aînée, se souvient qu'après la diffusion de ces nouvelles, elle avait reçu des dizaines de coups de fil de personnes qui soutenaient leur cause, y compris de leur propre avocate lui demandant si c'était vrai, s'ils avaient d'autres terrains et pourquoi ils ne l'avaient pas dit avant.

— L'autre jour un type m'a appelée et m'a dit : "arrêtez de causer tant de problèmes, soyez plus responsable, dis à tes parents d'arrêter tout ça", m'a raconté Ysidora tout en allaitant Máximo Salvador, son nouveau-né. Ils racontent que ma mère est une propriétaire terrienne, qu'elle a travaillé dans un restau chinois à Lima. Mais c'est pas grave si les gens nous croient pas. Nous avons les documents. Nous avons tout déclaré au procès.

Dans les actes de vente conservés par Máxima, ces terrains figurent comme un héritage de ses parents ou des achats à ses frères, rétribués en béliers ou en taureaux. Il s'agit de parcelles éparpillées, situées sur différentes collines. Certaines sont des pâturages, d'autres donnent du bois de chauffage, du maïs ou des petits pois que l'on ne peut cultiver que lorsqu'il pleut. On estime qu'une famille paysanne des montagnes péruviennes doit posséder trente-deux hectares de terre pour produire l'équivalent de ce que produit un hectare de terre sur la côte, car les difficultés rencontrées sont beaucoup plus nombreuses. Tragadero Grande, dit Máxima, est le seul endroit qu'elle a pour vivre parce qu'il y a des pâturages abondants, assez d'espace pour élever du bétail et, surtout, des sources partout : c'est la seule zone qui recèle de l'eau.

— Avoir plusieurs parcelles à Amarcucho ne fait pas de toi quelqu'un de riche, c'est absurde, a ajouté Manuel Ayala en se mettant à rire.

Cet ancien voisin de Máxima a vécu là-bas pendant plus de cinquante ans.

Malgré cela, certains médias ont accusé l'avocate Mirtha Vásquez et Grufides, l'ONG qu'elle dirige, de victimiser la famille Chaupe-Acuña. Ils disent que Vásquez est une personne immorale et menteuse. Par deux fois, raconte l'avocate, on a même pénétré chez elle pour détruire ses affaires. Máxima ne peut pas affirmer qui c'était, mais elle a des soupçons, car on ne lui a rien volé.

— Il fallait bien qu'ils nous fassent payer d'une façon ou d'une autre, dit Vásquez, qui est aussi professeure d'université et mère de deux enfants. Yanacocha ne nous pardonnera pas d'avoir gagné un procès. J'ai seulement peur pour Máxima et sa famille. Je pense parfois que tout cela nous coûte plus cher que ce que valent vingt-cinq hectares de terrain.

Au cours des années suivantes, l'entreprise minière Yanacocha a déposé une dizaine d'autres plaintes pour usurpation contre la famille Chaupe-Acuña[1]. Elle les a accusés

1. En mai 2017, la Cour suprême de justice, le plus haut tribunal du Pérou, a ratifié que Máxima et sa famille n'avaient pas pris possession de Tragadero Grande par la violence. Yanacocha a accepté

d'avoir installé des plants de pommes de terre, planté des pins en bordure de terrain, de faire paître leurs brebis sur une autre partie de la parcelle, et même de brûler de l'*ichu* pour faire venir la pluie, selon la coutume des paysans du coin. Maintenant, il y a une clôture métallique à côté de leur terrain qui leur barre le chemin de Sorochuco où ils font du troc ou achètent de la nourriture. Un drone survole parfois leurs terres. Les *comuneros* et les activistes qui défendent les lacs de Cajamarca se sont organisés pour arriver jusqu'ici et monter la garde de temps en temps afin de protéger la famille. Le gouverneur régional de Cajamarca, Porfirio Medina, a dit en 2015 que, si quelque chose arrivait à la paysanne, "le peuple livrerait une bataille sans merci contre les abus de la compagnie minière". Máxima répète que, quand bien même le propriétaire de Yanacocha viendrait en personne pour s'excuser, cela n'effacerait pas tout ce qu'elle a subi.

— C'est planté en moi.

Une pluie épaisse tombe tout à coup sur Tragadero Grande. À la radio Tigre, une femme chante le pardon de Dieu, un baume pour l'âme. Máxima Acuña met son transistor portable à l'épaule et presse le pas dans ses bottes en caoutchouc pour regagner sa baraque. Un chien blanc et squelettique batifole à ses côtés, sans cesser d'aboyer.

— Il s'appelle Johnny, me dit la paysanne avec un petit rire ironique.

---

la sentence, mais elle a prévenu qu'elle continuerait de réclamer par voie civile la propriété du terrain.

Elle l'a appelé ainsi en "l'honneur" du vigile de Yanacocha qui a brûlé sa première baraque, et qui porte ce prénom.

Au cours d'une de mes dernières visites à Tragadero Grande, quelques jours avant que les fondations de la nouvelle maison ne soient détruites, j'ai vu les camionnettes de sécurité de Yanacocha se garer devant le terrain. Aux environs de midi, des vigiles accompagnés de policiers casqués, pourvus de matraques et de boucliers, mais sans matricule visible, sont entrés dans la ferme pour prendre des photos et filmer les murs de la maison que le couple construisait.

Máxima et Jaime ont couru vers la colline par laquelle ils arrivaient. Máxima a appelé une radio locale de son téléphone portable et poursuivi les policiers en leur criant : "Vous êtes des animaux !"

J'ai couru vers eux. J'ai demandé à l'un des policiers pourquoi ils entraient sur le terrain, qui leur avait donné cet ordre. Je lui ai dit que j'étais journaliste. Il n'a pas répondu. J'ai commencé à prendre des photos, à filmer la scène avec mon téléphone portable. Alors un type baraqué, blond, à la casaque bleue, qui semblait être le responsable des vigiles de Yanacocha, a ordonné d'un mouvement de bras de se replier, et ils sont retournés vers leurs camionnettes garées au bord du chemin. Je les ai suivis. J'ai demandé avec insistance à l'homme à la casaque bleue de bien vouloir me dire son nom. Il s'est simplement retourné pour me regarder de loin et m'a crié :

— Tu n'as rien à faire ici !

Ce soir-là, emmitouflés dans des couvertures et assis sur plusieurs matelas, le couple de paysans et moi avons mangé en silence une soupe de vermicelles. Puis Máxima a débarrassé les assiettes en plastique, pendant que Jaime mâchait des feuilles de coca et fumait une cigarette après l'autre. Posée dans une niche du mur en argile, une bougie moribonde nous éclairait.

— Ma coca est devenue amère, quelque chose de mauvais va arriver… a susurré Jaime, un homme superstitieux, et il a craché quelque chose de verdâtre par terre. Je ne sais pas… toutes ces bagarres. Il y a des jours où j'ai envie de partir.

La pluie tambourinait sur le toit en tôle comme si elle voulait le briser.

— Ne te dégonfle pas, a dit Máxima. Ces policiers ne me font pas peur.

Et s'allongeant à côté de Jaime, elle a soufflé la bougie.

PÉTROLE

"Cette pensée [du pétrole] illustre à merveille le rêve humain de la richesse acquise par un heureux hasard, par un coup de chance, par un baiser de la Fortune, et non pas par l'effort, la sueur, la souffrance ou le bagne. En ce sens, le pétrole est un conte et, comme tout conte, il est un mensonge."

RYSZARD KAPUSCINSKI
Le Shah

"On achète bien cher la fausse peinture du bonheur."

ELIAS CANETTI
Notes 1973-1984

Si Dieu pouvait lui accorder un souhait, Osman Cuñachí, enfant awajun, demanderait un smartphone. Ou un ballon de foot. Ou la transformation de ses tongs en plastique en baskets fluo. Même si, en y réfléchissant mieux, il demanderait plutôt une maison en béton et en briques comme celles qu'il a vues un jour à Lima, qui résistent mieux aux orages que les cabanes en bois couvertes de feuillage si nombreuses à Nazareth. C'est pour cette raison qu'Osman, onze ans, maigre comme un clou, au t-shirt délavé de Spiderman, aimerait se rendre à la capitale pour faire des études d'architecture, se marier et avoir juste un enfant, car il sait qu'en élever trois ou quatre ou cinq, comme c'est souvent le cas dans son village, signifie vivre dans la faim et le besoin. C'est ce que lui a dit son papa, un professeur à la retraite qui a cinq bouches à nourrir avec une pension mensuelle de quatre cents sols, environ cent trente dollars : pas même la moitié du salaire minimum. Son père préfère qu'il devienne ingénieur chimiste afin de tout savoir sur le pétrole et d'avoir une vie meilleure que la sienne. Car depuis qu'un pipeline fissuré a déversé près de cinq cent mille litres de ce combustible ici, dans ce coin de forêts humides et montagneuses d'Amazonas, la deuxième région la plus pauvre du pays, certains adultes disent qu'un mois à nettoyer le pétrole de la rivière rapporte sept fois plus qu'un mois à cultiver la terre. Même s'ils ont peur d'être empoisonnés.

Par une après-midi pluvieuse de juin 2016, six mois après qu'il a plongé dans une rivière pleine de pétrole, Osman Cuñachí, membre de la nation la plus peuplée de la jungle nord du Pérou, fronce les sourcils, gêné de voir son visage sur une énorme affiche à l'extérieur de la maison communale. Il s'agit de l'endroit où les Awajuns ont coutume de discuter des questions importantes de la vie du village : choisir un chef, construire un chemin, punir un voleur. Le panneau annonce une campagne sanitaire, menée par la Coordination nationale des droits de l'homme et d'autres ONG, dans le but d'examiner vingt-cinq garçons et filles qui affirment être malades après avoir ramassé du pétrole contre de l'argent. Sur l'image, Osman mesure un peu moins d'un mètre cinquante, son visage, ses bras et ses pieds sont couverts de taches noires, et sur son t-shirt rouge, le mot "Pérou" est écrit en lettres blanches. L'enfant sourit en portant un seau crasseux.

— T'es super laid là-dessus, se moque son copain aux cheveux en pétard, un ballon sous le bras, dans son t-shirt du Barça.

Osman cache son visage dans ses mains. La photo qui lui fait honte et que tout le pays et la presse internationale ont commentée avec indignation a été prise par une voisine avec son téléphone portable, le jour où Nazareth est passée du statut de communauté la plus grande de la province de Bagua, avec ses quatre mille habitants, sa rivière marron et ses milliers d'arbres hauts comme des gratte-ciels, à celui de "pire désastre écologique des dix dernières années".

L'après-midi où il s'est retrouvé couvert de pétrole, Osman Cuñachí s'entraînait à tirer des penalties avec son copain quand deux ingénieurs de Petroperú, l'entreprise publique la plus rentable du pays, sont arrivés à Nazareth dans un 4×4 blanc. Depuis l'aube, une vapeur acide montait des berges du río Chiriaco et s'infiltrait dans les cabanes en bois, tel un nuage d'essence invisible. Une fissure de onze centimètres sur un tronçon oxydé de l'Oléoduc nord-péruvien – un serpent d'acier qui achemine le pétrole de la jungle jusqu'à la côte, sur plus de huit cents kilomètres – avait déversé dans une gorge des environs assez de pétrole pour remplir presque la moitié d'une piscine olympique. Des autochtones engagés par Petroperú avaient improvisé une barrière de troncs d'arbres et de bâches en plastique qui avait retenu le brut pendant plusieurs jours, mais personne n'avait prévu que la violence d'un orage nocturne le ferait déborder dans la rivière, où il s'est répandu comme une bile noire engloutissant sur son passage les insectes, les racines des arbres, les pirogues, les plantations de bananes, de cacao et de cacahuètes. Les animaux fuyaient le cours d'eau. Les mères se lamentaient devant leurs cultures dévastées. Les cadavres des poissons flottaient sur l'eau ténébreuse. Quatorze fuites de pétrole ont pollué la jungle péruvienne en 2016 à cause de ce boa de métal qui saigne régulièrement. Nazareth a été le premier maillon d'une chaîne de désastres écologiques.

Dans son livre de sciences de sixième, Osman Cuñachí avait lu que le pétrole était une substance préhistorique, faite de la même matière que les fossiles des dinosaures. Et dans un épisode de *Tom and Jerry*, il l'avait vu jaillir des entrailles de la terre sous la forme d'un jet noir irrépressible qui faisait sauter de joie le veinard qui le trouvait. À peine avait-il appris, le soir de la fuite, que le pétrole valait de l'argent que les ingénieurs de Petroperú arrivaient dans leur véhicule tout-terrain pour annoncer aux familles qu'ils paieraient ceux qui les aideraient à extraire le combustible de la rivière.

Alors qu'un ouvrier agricole sur une plantation de bananes gagne dans les vingt sols par jour, environ six dollars, récupérer du pétrole dans un seau pouvait rapporter cent cinquante sols : le double du salaire d'un médecin de la région d'Amazonas. Dans un endroit où sept personnes sur dix sont pauvres, où il n'y a pas d'eau potable ni de toilettes, où les femmes souffrent d'anémie à cause d'une malnutrition chronique, où il arrive plus souvent qu'un enfant de moins de cinq ans meure de la malaria que d'une morsure de vipère, où des rafales de vent froid et des sécheresses brutales rendent les terres fertiles et cultivables difficiles à trouver, la paie de Petroperú représentait plus que ce qu'un Awajun pouvait imaginer gagner en une semaine.

Les ingénieurs n'ont pas dit que c'était dangereux. Ils n'ont pas donné de combinaisons spéciales, pas plus qu'ils n'ont expliqué qui pouvait faire ce travail et qui ne le pouvait pas. Cette après-midi-là, des familles entières sont descendues dans la rivière pour recueillir tout le pétrole possible.

Quand Osman Cuñachí et ses trois frères et sœurs sont arrivés au bord de la rivière polluée, ils ont vu des enfants, des femmes enceintes, des grands-mères et des jeunes plonger dans l'eau ou grimper dans des pirogues, afin de récupérer le pétrole dans des seaux et des bouteilles en plastique. De cette même rivière, où ils avaient coutume de se baigner et sur les berges de laquelle ils avaient construit tant de châteaux d'argile, où ils avaient appris à nager et à pêcher le *zúngaro*[1] et le *boquichico*[2], émanait à présent une odeur métallique qui leur donnait la nausée. Ils avaient la gorge irritée. Les yeux qui pleuraient. Roycer, son frère de quatre ans, a renoncé le premier. Puis Omar, sept ans, et Naith, sa sœur de quatorze ans. Plongé dans le courant, Osman a décidé de rester pour remplir son seau, ignorant que ce liquide inflammable qui lui collait aux mains est celui qui permet aux villes de tourner.

Nous prêtons rarement attention au pétrole, sauf lorsqu'une odeur âcre flotte à la station-service quand nous remplissons de diésel le réservoir de la voiture. Mais le pétrole n'est pas quelque chose que nous pouvons tenir

---

1. Sorte de poisson-chat. *(N.d.T.)*
2. Prochilodus noir. *(N.d.T.)*

à distance, comme on s'écarte de la pompe en se bouchant le nez. Au siècle dernier, nous avons bâti notre mode de vie sur la puissance du pétrole et des nombreux produits qui en dérivent. Chauffer nos bâtiments et faire fonctionner nos machines et nos véhicules – qu'il s'agisse d'un fabricant de téléviseurs ou de l'avion que nous prenons pour partir en vacances – consomment 84 % du pétrole extrait chaque année dans le monde. Les 16 % restants sont transformés en intrants servant à la fabrication de millions de choses. Sans l'or noir – et cette alchimie moderne nommée pétrochimie – il serait impossible de mâcher un chewing-gum ou de conduire une voiture. Les chaussures de sport n'existeraient pas. Ni le dentifrice, ni le déodorant, ni les verres de contact, ni les routes goudronnées, ni les pneus, ni les valises à roulettes, ni les parfums, ni le rouge à lèvres, ni les lunettes de soleil, ni la lessive, ni les bains de bouche, ni la crème hydratante, ni les prothèses dentaires, ni les t-shirts sportifs, ni les rasoirs jetables, ni les bas nylon, ni les casseroles en téflon, ni le gel pour les cheveux, ni le vernis à ongles, ni l'écran solaire, ni les parapluies, ni les sacs poubelles, ni les valves cardiaques artificielles, ni l'aspirine, ni les médicaments contre le cancer, ni les engrais agricoles, ni les conservateurs alimentaires, ni les gobelets en polystyrène, ni le lubrifiant intime, ni les vitamines en comprimés, ni la fibre optique, ni le béton, ni la brosse à dents, ni le shampoing, ni les rideaux de douche, ni les tuyaux d'arrosage, ni les ordinateurs portables, ni le papier photo, ni le savon, ni les colorations capillaires, ni les stylos, ni l'encre des livres, ni les machines à rayons X, ni les bouteilles d'eau minérale, ni les fleurs artificielles, ni les nappes, ni les tapis, ni la colle, ni les perruques, ni les allumettes, ni les extincteurs, ni les gilets de sauvetage, ni la dynamite, ni les faux cils, ni la lunette des toilettes, ni les CD de musique, ni les audiophones, ni les baignoires, ni les boutons de chemise, ni le papier hygiénique, ni les préservatifs, ni pratiquement tout ce qui est fait à base de plastique : des pièces des navettes spatiales jusqu'à la poupée Barbie, des ballons de foot jusqu'à n'importe lequel des quelque trois milliards de smartphones répartis dans le monde, à l'image de celui qu'Osman Cuñachí, enfant awajun, imaginait s'acheter avec l'argent que les ingénieurs de Petroperú lui avaient promis pour son seau de pétrole.

La nuit était tombée quand Osman et ses frères et sœurs ont regagné leur maison en bois. En les voyant, leur maman les a grondés d'être sortis sans permission. Ils se sont alors précipités dans la cour, où le linge est étendu au milieu des poules qui caquètent, et ils ont essayé d'enlever le pétrole de leurs corps avec de l'eau et du savon. Puis ils ont utilisé le produit vaisselle et ça n'a pas mieux marché. Ils se sont frotté le visage, les bras, les jambes avec une petite brosse et de la lessive. Sans résultat. Jusqu'à ce qu'un cousin, qui était lui aussi dans la rivière, leur dise de se nettoyer avec de l'essence pour moto. La nuit venue, Osman n'a pas pu bien dormir ; à force de s'être frotté, sa peau le démangeait et le brûlait. Le lendemain matin, les ingénieurs de Petroperú sont revenus à Nazareth dans leur 4×4. L'air empestait toujours l'essence. Une trentaine de villageois awajuns attendaient au bord de la route avec leurs seaux pleins de pétrole. On leur avait proposé cent cinquante sols, quarante-six dollars, par récipient. Finalement, et malgré les protestations des gens, les ingénieurs n'ont donné que vingt sols, six dollars. Osman se rappelle qu'un ingénieur lui a demandé son âge, a noté son nom dans un carnet et lui a tendu deux sols, soixante centimes de dollar, en guise de récompense pour le seau qu'il avait récolté : le récipient, lui a dit l'ingénieur, contenait plus d'eau que de pétrole. Osman, dont le nom signifie "celui qui est docile comme un pigeon", n'a pas protesté comme d'autres enfants. Quand il est rentré à la maison, il a donné une pièce à sa maman et, avec l'autre, il est parti avec ses copains acheter un Pepsi et des biscuits en forme d'animaux.

Et voilà qu'un jour, tout à coup, tu deviens l'enfant qui passe aux actualités. Tout le monde s'intéresse à toi, mais personne ne sait pratiquement rien à ton sujet. Des journaux, des chaînes de télé et des cortèges d'ONG font vingt-trois heures de route depuis Lima, traversent les Andes, bravent des virages vertigineux et des vallées torrides flanquées de murailles de végétation pour venir jusqu'à Nazareth, la communauté autochtone où tu es né. Ils veulent te connaître. Ils te regardent, ils te posent des questions : est-ce que tu as eu peur ? Comment tu as fait pour plonger dans la rivière ? Où sont tes vêtements tachés de pétrole ? Est-ce que tu peux nous les montrer ?

On dirait que c'est à qui racontera l'histoire la plus terrible, sachant que ce genre de tragédies intéresse surtout ceux qui ne les ont pas vécues, ceux qui vivent dans les villes accros au plastique, soulagés de ne pas être toi. L'enfant barbouillé de pétrole.

— Mon papa dit que les gens viennent seulement quand il se passe de vilaines choses, dit Osman Cuñachí en regardant sa photo sur le panneau de la campagne sanitaire. Moi, je veux qu'ils me voient tirer un penalty, pas qu'ils me plaignent.

À 6 heures du soir, le ciel au-dessus de Nazareth avoisine le pourpre le plus sombre. Dire qu'il pleut serait un euphémisme : ici, les pluies sont d'incontrôlables cordes d'eau combinées à des rafales de vent qui agitent les jambosiers. Dans la maison communale, l'eau s'infiltre en grosses gouttes par le toit en tôle et forme de petites flaques sur le sol. Il n'y a pas de lumière électrique à cause d'une panne du générateur, mais le docteur Fernando Osores, un quadragénaire grand et robuste, s'efforce de voir dans la pénombre : il prélève des échantillons de sang et d'urine, ainsi qu'une mèche de cheveux, aux vingt-cinq garçons et filles awajuns, âgés de six à quinze ans, qui ont recueilli du pétrole dans la rivière.

Pendant que les parents signent les formulaires d'autorisation, les enfants passent l'un après l'autre dans une tente dressée à l'intérieur de la maison. Le médecin de Lima prélève les échantillons qu'il enverra ensuite au laboratoire de l'Institut national de santé publique du Québec, au Canada, où ils seront analysés. D'après la législation en matière de santé, des médecins de l'État péruvien auraient dû faire ce travail au lendemain de la fuite. Six mois ont passé – puis une année, et une autre encore –, et rien à l'horizon. “Ils sont probablement très occupés”, me dit le docteur Osores, en feignant de sourire. Un enfant très maigre s'enfuit tout à coup de l'infirmerie, effrayé par les aiguilles. Son papa lui crie quelque chose en awajun et court le chercher. Le docteur, en nage, demande que quelqu'un l'éclaire avec la lampe d'un portable pour pouvoir continuer son travail.

Osman Cuñachí n'est pas le genre de garçon à rester assis. Quand la pluie cesse, il attend son tour avec ses copains et son chien noir, Lucky, sur une esplanade en terre où il chasse des scorpions et autres petites bêtes, qu'il fait brûler vifs en craquant une allumette. Quelques mètres plus loin, Jaime Cuñachí, le père d'Osman, âgé de soixante-six ans, passe ses journées sur un banc en bois, à tresser un filet de pêche. Une casquette grise couvre son crâne chauve. Son short vert laisse apparaître un moignon là où se trouvait sa jambe droite. Elle a été amputée il y a deux ans à la suite d'une gangrène aggravée par le diabète, une maladie fréquente chez les Awajuns et difficile à soigner à cause de la pauvreté de leur régime alimentaire et du manque de médicaments.

— Je n'ai pas de jambe mais j'ai bonne mémoire, rit monsieur Cuñachí, ancien chef de Nazareth, en exhibant les rares dents qui lui restent et en chassant les moustiques de son visage à l'aide d'un chiffon.

Il dit que le terrain de foot sur lequel son fils joue maintenant est un ancien cimetière de machines et de canalisations utilisées à la fin des années 1960 pour construire l'Oléoduc nord-péruvien, l'un des plus grands ouvrages d'ingénierie de l'histoire du Pérou. La dictature militaire du général Juan Velasco Alvarado a investi près d'un milliard de dollars et mobilisé deux mille hommes dans ce projet censé propulser le Pérou dans le Premier Monde – cette éternelle promesse.

À Nazareth, certains anciens Awajuns connaissaient déjà le pétrole. Respectés pour leur caractère guerrier – les premiers chroniqueurs les appelaient Jivaros, "réducteurs de têtes" –, les Awajuns ont été l'une des nations amazoniennes que ni les Incas ni les soldats espagnols n'ont réussi à vaincre. Ils sont restés isolés pendant des centaines d'années, jusqu'à ce que, au milieu du XXe siècle, les industries extractives et les *apach nuun*, les hommes blancs, apparaissent avec leurs machines géantes pour forer le sous-sol.

Monsieur Cuñachí n'était encore qu'un enfant qui ne parlait pas l'espagnol quand l'Oléoduc est arrivé. Nazareth se résumait alors à une poignée de huttes en bois couvertes de feuillage, disséminées entre la forêt et une rivière aux eaux boueuses qui dévalait un lit de rochers énormes et lisses. Les Awajuns portaient des tuniques marron en coton et des colliers de graines. Ils se peignaient le visage à l'encre rouge des graines de rocou. Ils prenaient de l'ayahuasca pour communiquer avec les esprits de la jungle. Les peuples des Andes, depuis des siècles, les appelaient "aguarunas" : du quechua *awajruna*, homme qui tisse. Mais eux, dans leur langue, se sont toujours définis comme *liaénts* : les véritables hommes.

Un jour, des ingénieurs sont arrivés avec leurs familles et ont dressé un campement pour construire un tronçon de l'Oléoduc. Enfant, monsieur Cuñachí jouait souvent avec les fils de ces étrangers : les enfants blancs. Il échangeait des papayes contre des petites voitures en plastique, des sarbacanes de chasse contre des frondes en caoutchouc. Il a appris l'espagnol. Quand la construction de l'Oléoduc a débuté, des hélicoptères militaires venaient tous les jours chargés d'énormes canalisations. Pendant que les adultes ouvraient des sentiers à coups de machettes pour permettre aux machines de passer, les enfants awajuns couraient et jouaient à cache-cache dans les canalisations pas encore installées. Une fois le chantier terminé, l'entreprise américaine Williams, en charge de la construction, a décidé d'enfouir tout le matériel restant sous le terrain de foot où jouent maintenant Osman et ses amis – il était moins coûteux de l'enterrer que de le transporter ailleurs. Un jour, les ingénieurs sont partis. Alors, un groupe de famille a quitté la forêt pour s'installer dans le campement abandonné, infesté de fourmis noires qui dévoraient les rats et faisaient fuir les vipères. C'est là qu'ils ont établi leur première école. Viendraient ensuite la route, la lumière électrique, la télévision par câble, le centre médical et des centaines d'autochtones et d'étrangers attirés par cette apparente prospérité.

Près d'un demi-siècle plus tard, Nazareth est un petit village de pêcheurs, d'agriculteurs, de commerces de détail et de motos-taxis qui font leur vie autour du río Chiriaco. En cet instant précis, comme n'importe quel enfant awajun, Osman Cuñachí pourrait être en train d'y pêcher ou de s'y baigner, mais il n'en a pas le droit. Depuis la fuite, les autorités environnementales ont interdit ces activités à cause des quantités de plomb et de cadmium présentes dans l'eau et les poissons. Le plomb est un poison qui, même à de faibles doses, peut affecter le développement du cerveau chez les enfants et occasionner de l'anémie, de l'hypertension et des effets irréversibles sur le système nerveux central. Le cadmium peut détériorer les reins, les os et les poumons, et provoquer des cancers.

Les Awajuns disent que ces métaux toxiques proviennent du pétrole. Petroperú dit que le pétrole en contient des quantités négligeables. Germán Velásquez, commandant à la retraite de la Police nationale, consultant en entreprises et à l'époque président de la compagnie, disait, lui, que les métaux provenaient des eaux usées et des déchets – bouteilles en plastique, couches jetables sales, batteries usagées, huile de moteur – que les habitants des villages voisins jetaient sur les berges du río Chiriaco.

— Ici, dès que quelqu'un a la possibilité de toucher la moindre compensation financière, il va dire que le pétrole le fait pleurer, m'avait dit Velásquez, un quinquagénaire grisonnant, une après-midi dans un café de Lima. J'ai fait des recherches : pour que le pétrole vous contamine, il faudrait que vous soyez plongé dans un baril de pétrole pendant trois ou quatre jours. Moi-même, je me suis baigné dans le río Chiriaco, et tout va bien.

La version officielle, celle de l'entreprise, est optimiste. Celle de la science, non.

— Si quelqu'un raconte que le pétrole est inoffensif, il ment, me dit quelques semaines plus tard le docteur Fernando Osores, lors d'une pause qu'il s'autorise après s'être occupé pendant dix heures d'affilée des garçons et des filles des communautés affectées.

Osores est un expert en toxicologie environnementale et en maladies tropicales. Il s'occupe depuis vingt ans des cas de pollution causés par des compagnies minières, gazières et pétrolières au Pérou. Quand une fuite se produit, explique-t-il, des millions de molécules d'hydrocarbures s'évaporent et se répandent rapidement comme des gaz vénéneux. Il suffit de les respirer pendant quelques minutes pour avoir des maux de tête, des vertiges ou des douleurs à l'abdomen. Si quelqu'un est exposé au pétrole sans protection pendant plusieurs jours, c'est pire : apparaissent des allergies cutanées, une irritation de la gorge, des difficultés pour respirer. Le pétrole est un mélange complexe de plusieurs centaines d'hydrocarbures. Certains, comme le benzène et le xylène, peuvent endommager le système nerveux et, avec le temps, provoquer des cancers. Quant au pétrole déversé dans un cours d'eau, il entraîne un autre problème. Il se fractionne en gouttelettes minuscules qui s'agrègent aux particules d'argile et se déposent dans le lit de la rivière. Débute alors une réaction en chaîne : les particules contaminées alimentent les bactéries. Les bactéries alimentent des organismes aquatiques microscopiques appelés plancton. Le plancton alimente les poissons. Les poissons alimentent les êtres humains. Au bout d'un certain temps, la pollution due au pétrole devient imperceptible à l'œil nu. Elle n'a ni forme ni odeur, ne produit aucun son. Elle est impalpable, à l'image des atomes invisibles. Nos sens ne sont d'aucune utilité pour percevoir les dégâts.

Le docteur Osores résume tout en une simple phrase :

— Nous sommes face à une catastrophe chimique[1].

Les cent cinquante dernières années de consommation mondiale de pétrole ne représentent que le présent et le passé récent d'une relation aussi ancienne que les mythes précolombiens. Le pétrole – du latin *petroleum*, huile de

---

1. Il n'existe pas de technologie capable de restaurer complètement un habitat endommagé par une fuite de pétrole. En 1989, le pétrolier *Exxon Valdez*, à l'époque l'un des plus sophistiqués au monde, a heurté un récif en Alaska. Ce naufrage a provoqué le déversement de 40 millions de litres de pétrole qui ont pollué plus de 2 000 kilomètres de côte et tué des milliers d'animaux. On estime qu'il pourrait falloir une centaine d'années pour dissiper le pétrole restant. En 2002, le *Prestige* a déversé 63 000 tonnes de pétrole dans la mer, au large de la Galice. Les pêcheurs qui ont participé au nettoyage ont souffert de troubles respiratoires. En 2010, une plateforme de la British Petroleum, Deepwater Horizon, a explosé et s'est ensuivi le déversement de plus de 700 millions de litres de pétrole dans le golfe du Mexique. Cet écosystème mettra des décennies à se rétablir. Des citoyens de Floride et d'Alabama souffrent encore aujourd'hui de troubles physiques, anxieux ainsi que de dépression.

pierre – a été découvert et utilisé à bien des époques et des endroits à des fins pratiques, festives, religieuses ou magiques. En Amérique, cette substance a reçu au moins deux appellations à généalogie certifiée. Les Aztèques l'appelaient *choppotli*. Son deuxième nom provient des "yeux de poix" qui existaient sur la côte nord du Pérou. Les Péruviens d'autrefois appelaient *copé* ces flaques malodorantes, perdues aux confins du désert, dont l'origine remontait à une ère plus ancienne encore, l'âge des géants, des êtres qui, selon la légende, avaient creusé ces puits inexplicables. L'historien Pablo Macera a souligné cette conception superstitieuse du pétrole : une substance mystérieuse, inconnue, peut-être donc maléfique. On l'appelait "l'excrément du démon".

Aujourd'hui, après plusieurs siècles de guerres et de progrès scientifiques, notre dépendance envers le pétrole atteint des proportions tellement scandaleuses qu'elle constitue un sujet de débat récurrent entre politiciens et écologistes. En 2007, pendant le Congrès mondial de l'énergie, il a été annoncé que la Terre disposait de réserves de pétrole pour un ou deux siècles encore. "Le monde n'a pas à s'inquiéter de la fin du pétrole avant longtemps", a déclaré Abdallah S. Jum'ah, alors président de Saudi Aramco, la plus importante compagnie pétrolière de la planète.

Malgré cette confiance des entreprises, l'Agence internationale de l'énergie (IEA), qui surveille les réserves énergétiques de la Terre, a prédit que le monde aurait besoin d'une quantité équivalente à six fois les gisements pétrolifères de l'Arabie saoudite pour satisfaire la demande vers

2030. Fatih Birol, expert en énergie et directeur exécutif de l'Agence, met en garde : "Nous devons abandonner le pétrole avant qu'il nous abandonne."

Le Pérou a été le premier pays d'Amérique latine à exploiter commercialement l'or noir. En 1924, alors que le Venezuela commençait à peine à devenir une nation pétrolière, le Pérou était déjà le leader régional. Près d'un siècle plus tard, le Venezuela produit un million et demi de barils par jour, selon l'OPEP (Organisation des pays exportateurs de pétrole). Le Pérou, presque 3 % de cette quantité. Le rêve nationaliste de devenir une puissance pétrolière a tourné au fiasco : aujourd'hui, l'Oléoduc nord-péruvien fonctionne à 10 % de ses capacités. Le pétrole disponible – extrait en Amazonie, là où vivent les Awajuns et d'autres ethnies, et plus épais et plus coûteux à raffiner que le pétrole du Moyen-Orient – s'épuise, mais la population augmente et, avec elle, la consommation de combustible. Le Pérou compte parmi les vingt pays qui dépendent le plus du pétrole, selon la BP Statistical Review of World Energy. Et il est le quatrième pays d'Amérique le plus exposé aux dégâts causés par le réchauffement climatique et l'utilisation des énergies fossiles. Le pétrole suit le même schéma que l'industrie de la viande : les pays riches gagnent beaucoup plus à le consommer que les pays pauvres à le produire.

Il n'est pas nécessaire de rappeler que la multimilliardaire industrie du pétrole est l'une des plus sales qui soient. Toutefois, que cette énergie ait remplacé la traction humaine et animale représente un progrès extraordinaire, l'une des plus grandes inventions au monde.

Les scientifiques, cependant, insistent : si, dans la seconde moitié du XXIe siècle, les pays ne remplacent pas leurs sources d'énergie par d'autres moins destructrices pour la planète, il est fort probable que la nature et le système économique actuel s'effondrent.

Au-delà de la dimension écologique, la force de la réalité s'impose : le pétrole qui nous fait vivre touchera à sa fin et nous n'y pourrons rien.

Osman Cuñachí n'y connaît pas grand-chose en politique environnementale et il n'a jamais entendu monsieur Birol s'exprimer. En revanche, il sait à quel point il est difficile d'enlever des taches de pétrole lorsque son corps en est couvert. Peu de temps après avoir ramassé le brut et nettoyé sa peau avec de l'essence pour moto, Osman s'est évanoui pendant qu'il participait à un défilé scolaire. La maîtresse a expliqué à ses parents qu'il s'affalait souvent sur son pupitre et s'endormait en classe. Durant plusieurs jours, il a eu d'intenses maux de tête et des vertiges. Il a eu des éruptions sur les bras et les jambes, et n'arrêtait pas de se gratter. C'est à ce moment-là que la photo où il apparaît taché de pétrole est devenue virale sur les réseaux sociaux. “La pire catastrophe écologique de la dernière décennie”, disaient les internautes. Petroperú regrettait l'incident, mais se défendait d'avoir engagé des enfants pour ce travail. La photo d'Osman constituait toutefois une preuve qui plongeait la compagnie dans le scandale.

Quelques jours plus tard, deux ingénieurs de la compagnie se sont présentés à son domicile. Avec l'autorisation de monsieur Cuñachí et accompagné par sa tante, ils ont emmené Osman dans une clinique privée de Piura, une région de la côte nord du pays, siège de la raffinerie principale de Petroperú. Ils ont analysé son sang. Ils lui ont fait passer des radios. Ils l'ont emmené se promener sur la place. Manger du poulet à la braise. Ils l'ont hébergé dans un hôtel doté d'un ordinateur sur lequel il a pu jouer à *Plants vs Zombies*, un de ses jeux vidéo préférés. Une semaine et demie après, il est rentré chez lui avec des comprimés de vitamines, de paracétamol, une pommade pour ses éruptions et un certificat médical. L'enfant, disait le bulletin de santé, souffrait simplement d'anémie.

De retour à Nazareth, Osman est allé retrouver ses copains, qui n'ont plus voulu jouer avec lui.

— Pourquoi est-ce que l'entreprise s'occupe seulement de toi ? a protesté l'un d'eux. Nous aussi, on a ramassé du pétrole et personne vient nous chercher. Je parie qu'ils t'ont donné de l'argent.

Osman a eu de la peine pendant plusieurs jours. Jusqu'à ce que Yolanda, sa mère, lui donne quelques pièces de monnaie avec lesquelles il a acheté des friandises pour ses copains. C'est comme ça qu'ils sont redevenus amis.

Yolanda Yampis a une trentaine d'années, des cheveux noirs qui lui arrivent à la ceinture, et elle sourit chaque fois qu'elle parle, comme si elle avait honte. Comme la plupart des Awajuns, Yolanda a un rire aigu, rythmé, contagieux – *hihihihihihi* –, on dirait qu'elle chante ou qu'elle imite un oiseau inconnu. Elle raconte qu'au cours des journées qui ont suivi la fuite de pétrole, plusieurs adultes de Nazareth et d'autres communautés voisines ont délaissé leurs cultures pour travailler pour Petroperú.

Yolanda Yampis aussi. L'année scolaire était sur le point de débuter, elle avait besoin d'argent. Après l'avoir embauchée, les ingénieurs de Petroperú l'ont habillée comme dans un film de catastrophe nucléaire : une combinaison blanche en plastique, un casque orange, des lunettes de protection, des bottes en caoutchouc, des gants et un masque chirurgical, de ceux qu'utilisent les infirmiers, mais qui n'empêchent pas d'inhaler les vapeurs toxiques du brut. Pendant un mois, avec des dizaines d'hommes et de femmes, Yampis a raclé la terre contaminée à l'aide d'une pelle. Elle a arraché des morceaux de végétation souillés de pétrole et les a mis dans des sacs. Elle a ainsi gagné près de quatre mille sols, mille deux cents dollars, dix fois la pension que touche son mari retraité. Avec cet argent, elle a acheté un réfrigérateur pour vendre des boissons gazeuses et des bières, du matériel scolaire pour ses quatre enfants, un tronc d'arbre pour ajouter une pièce supplémentaire à sa maison et elle a payé les journaliers qui ont récolté les bananes de sa plantation, sur près d'un demi-hectare.

— Mais l'argent ça dure pas, m'a-t-elle dit d'une petite voix, dans un espagnol approximatif.

Yampis se tenait debout dans la maison communale à côté d'autres parents, les bras croisés. Le rire qu'elle affichait auparavant s'était mué en expression dure aux lèvres serrées. Elle observait avec anxiété le docteur Osores prélever dans la pénombre des échantillons de sang à Osman, le deuxième de ses enfants.

— Cette fuite m'a donné une opportunité, mais à quoi ça sert si on finit par être empoisonné ? Peut-être que mes enfants sont malades. Peut-être que moi aussi. On ne sait pas.

Depuis qu'il a ramassé du pétrole dans un seau, confirme sa mère, Osman Cuñachí a des éruptions sur les jambes et les bras. Son frère Omar, le troisième des quatre, souffre de maux de tête et de diarrhées. Tout comme eux, plusieurs enfants de Nazareth ont commencé à ressentir des troubles après avoir collecté le pétrole de la rivière. Lors d'une assemblée convoquée une semaine après la fuite, la communauté a envoyé un communiqué au président Humala et au ministre de la Santé pour réclamer une intervention immédiate. Il incluait une liste des enfants tombés malades après avoir récupéré du pétrole. Rien que dans cette communauté, ils étaient plus de cinquante. Petroperú a fait don de tonnes de vivres et d'eau en bouteille, et a mis sur pied des campagnes de santé pour s'occuper des villageois. Toutefois, jusqu'en janvier 2017, un an après la fuite, personne dans ce bout de jungle ne disposait d'un certificat médical délivré par l'État stipulant qu'il avait été contaminé ou pas par le contact avec le brut. Le Gouvernement n'est jamais venu à Nazareth ni dans les autres communautés touchées pour examiner rigoureusement l'état de santé des familles[1].

---

1. La fuite de pétrole de Nazareth n'a pas été la seule de ce type. En 2014, plus de 500 000 litres de pétrole ont été déversés dans la

— On dirait que les autorités attendent que dix ou vingt ans s'écoulent, et que les gens meurent, pour enfin venir voir ce qui s'est passé, m'a dit le docteur Osores, en scellant dans des caissons de neige carbonique les échantillons de cheveux, de sang et d'urine qui seraient envoyés le soir même par avion à un laboratoire au Canada.

Ces analyses constitueraient une première tentative d'évaluation du niveau de contamination des enfants de Nazareth. Au fil des mois, cependant, la marée noire n'affecterait pas seulement la santé des gens, mais aussi leur façon de penser car, en plus de répandre la peur, la catastrophe leur a offert la possibilité de gagner de l'argent.

Un homme awajun auquel il manque le bras gauche surveille le campement de Petroperú, à proximité du ravin où la fuite a eu lieu. Il s'agit d'une rangée de tentes

---

communauté autochtone de Cuninico, située dans le district d'Urarinas, dans la région de Loreto, à cause d'une rupture sur l'Oléoduc nord-péruvien. Le brut a contaminé le río Marañón, qui approvisionnait cette zone en eau et en poissons. Depuis, les Indiens kukama ont vu leur santé se dégrader, et sont affectés de troubles respiratoires et cutanés. Pour nettoyer le pétrole déversé, Petroperú a fait appel aux habitants de la communauté, y compris des enfants et des adolescents. Ils ont plongé dans les eaux contaminées et ont ramassé le pétrole dans des seaux. En 2015, la Direction régionale du travail et de la promotion de l'emploi de Piura a sanctionné Petroperú pour son recours au travail des enfants. En 2016, la compagnie a été condamnée par l'État à une amende de plus de trois millions de dollars pour n'avoir pas complètement remédié à la fuite de Cuninico.

bleues et vertes dressées au bord d'une route goudronnée qui conduit jusqu'au centre de Chiriaco, le village principal, à dix minutes de Nazareth en moto-taxi. À l'intérieur, il y a des ouvriers occupés à consulter des cartes, deux ou trois ingénieurs examinant des fichiers Excel sur leurs ordinateurs portables, une toute jeune docteure très maquillée et désœuvrée suffoquant de chaleur devant deux ventilateurs électriques tournant à plein régime. C'est l'équipe qui planifie le nettoyage du pétrole. La plupart viennent de Lima ou d'autres villes côtières.

À l'entrée, un énorme panneau rouge avertit en lettres capitales blanches :

INTERDICTION D'EMPLOYER DES MINEURS

C'est une mesure de la compagnie, m'explique-t-on, pour éviter "les racontars de la presse".

— Chez Petroperú, on fait les choses correctement.

L'ingénieur de Petroperú qui supervise le nettoyage de la fuite de Chiriaco est un Liménien d'une cinquantaine d'années, au nez aquilin et au débit rapide, qui me rappelle toutes les vingt minutes de ne pas citer son nom dans cette histoire parce qu'il a peur de perdre son travail. Nous roulons dans une fourgonnette remplie de sacs de riz, de haricots, de boîtes de thon et de bouteilles d'eau. Ce sont des dons de l'entreprise à plusieurs écoles des dix communautés qui tiraient leur subsistance des eaux de la rivière polluée.

C'est une matinée à la chaleur humide et oppressante, qui invite à la paresse. L'ingénieur anonyme me raconte qu'ils ont fait de leur mieux pour tout remettre en état, que les travaux de nettoyage sont sur le point de s'achever.

— Nous avons donné du travail à plus de huit cents personnes, avec un salaire qu'elles ne retrouveront plus jamais de leur vie.

Assise à mes côtés, Yesenia Gonzales, l'assistante de l'ingénieur, confirme et me raconte tout ce qu'elle a obtenu en travaillant pour Petroperú. Gonzales vit à Chiriaco mais elle est née à Piura, cette ville de la côte nord du Pérou, d'où sont venus, au cours des dernières décennies, des hommes et des femmes pour travailler dans des plantations et des commerces de la forêt tropicale. Elle a vingt-quatre ans, un corps svelte sculpté par le travail physique et un visage souriant où brillent deux yeux noirs attentifs.

Quand la fuite s'est produite, Yesenia Gonzales vivait dans une petite pièce en location avec son mari maçon et ses deux filles. Elle travaillait dans une échoppe de jus de fruits et gagnait dix sols, trois dollars, pour douze heures de travail. Un soir, une amie l'a prévenue que Petroperú cherchait des ouvriers pour nettoyer la marée noire. Pendant dix jours, elle et son mari se sont levés à l'aube pour se rendre au campement où une cinquantaine de personnes, autochtones et étrangers confondus, attendaient leur chance.

Aujourd'hui, après trois mois de travail pour Petroperú, elle a tout fait : patauger dans la rivière pour en extraire du pétrole, transporter des sacs de terre contaminée, nettoyer chaque pierre au karcher. Parfois, par curiosité, elle prenait un peu de pétrole entre ses doigts : elle observait sa couleur étrange, elle sentait sa viscosité, semblable à celle d'un chewing-gum noir qui aurait fondu par terre. Et pour chaque journée de travail, de 7 heures du matin à 6 heures du soir, elle a gagné cent cinquante sols, quarante-six dollars, et le double le dimanche. Plus qu'un professeur de la région.

— Ici, personne ne paie ça, dit Yesenia Gonzales en écarquillant les yeux. Moi, je suis très reconnaissante envers Petroperú. C'est en travaillant dans le pétrole que j'ai pu me faire de l'argent.

Ce n'était pas la première fois que le pétrole était envisagé comme un généreux baril sans fond dans la région. L'enthousiasme de Gonzales en rappelle un autre, plus ancien, remontant à l'époque où l'on imaginait la jungle péruvienne comme l'endroit où cette promesse de prospérité s'accomplirait grâce à la ressource qu'elle cachait dans ses entrailles.

La première fois qu'un puits de pétrole a été foré en Amazonie péruvienne, le journal *El Comercio* – nationalisé par le gouvernement militaire – annonçait à sa une du 17 novembre 1971 :

ILS ONT NAGÉ DANS LE PÉTROLE

Les 500 ouvriers qui travaillent dans la région de Trompeteros (jungle de Loreto, nord du Pérou), avec des équipements de la compagnie pétrolière nationale, ont chanté, dansé et nagé dans le pétrole, fous de joie d'avoir fait (à 7 h 15 très exactement) une découverte d'une importance capitale pour l'économie de notre pays. Tout au long de la matinée, la fête a battu son plein à Trompeteros [...]. Apprenant la nouvelle, le président de la République et général de division de l'armée du Pérou, Juan Velasco Alvarado, a exprimé par téléphone ses félicitations à ceux qui avaient rendu possible le puits de pétrole susmentionné.

Dans un élan de confiance, le président de Petroperú de l'époque, Marco Fernández Baca, général du régime, promettait : "l'avenir économique du Pérou est assuré".

Jamais, depuis le milieu du XIXe siècle et l'essor sanglant du caoutchouc, la jungle péruvienne n'avait été à ce point convoitée. Les sociétés amazoniennes avaient toujours produit tout ce dont elles avaient besoin : elles chassaient, pêchaient, cueillaient, cultivaient la terre. Elles ne dépendaient pas du monde extérieur pour leur subsistance. Pas plus qu'elles n'avaient accès aux produits qu'elles ne produisaient pas. Des années plus tard, la fièvre du pétrole et la construction de l'Oléoduc nord-péruvien ont entraîné une demande massive de main-d'œuvre dans la jungle du Pérou. Avec le salaire des compagnies, les autochtones achetaient des radios, des fusils, des médicaments. Nombreux étaient ceux qui le dépensaient en bières et en prostituées. Des communautés natives entières ont cessé d'être autosuffisantes pour dépendre de l'argent gagné grâce aux entreprises pétrolières. Elles se sont installées dans les villes, les campements, en quête d'un avenir meilleur. Certains en ont oublié leur langue, leurs coutumes. À la ville, croyaient-ils, ils pouvaient devenir quelqu'un.

Plus de quatre décennies après que l'or noir a jailli de la forêt, les rues de Chiriaco, jonchées de flaques d'eau, sont en pleine effervescence. Moteurs de minibus à la recherche de passagers. Voix de jeunes filles en jean serré vendant de la nourriture dans la rue. Reggaeton sur CD pirates s'échappant de boutiques équipées de la télévision par satellite. Cantiques à la porte d'une église évangélique. Coups secs d'ouvriers torse nu cassant des pierres pour construire une maison. Bébés pleurant dans les bras de leurs mères qui font la queue devant une banque. Haut-parleurs annonçant toutes les dix minutes : "On demande deux personnes pour décharger un camion. Se rendre à l'épicerie Rosita." Depuis le jour de la fuite, Chiriaco ressemble à n'importe quel quartier populaire de Lima : toujours plus bruyant, toujours plus bétonné. "Travailler dans le pétrole" a multiplié les motos-taxis, les pharmacies et les échoppes de nourriture, et a rempli de clients les *cantinas*, les auberges et les bordels. Il y a même des ouvriers qui, tout en buvant une bière dans un bar, plaisantent avec l'idée "d'aller faire un trou dans l'Oléoduc" pour que l'emploi ne s'arrête pas. Le travail que des centaines de natifs et de colons ont obtenu ici en nettoyant du pétrole a mis de l'argent dans toutes les poches. Ou presque toutes.

Yesenia Gonzales raconte que plusieurs de ses amis ont ainsi pu régler leurs problèmes. L'un d'eux s'est fait opérer des yeux. Une amie a emmené sa fille à Lima pour une opération du cœur. Une autre, mère célibataire, a acheté un appartement à Chiclayo, l'une des villes les plus peuplées de la côte, célèbre pour ses plages de cartes postales.

— Malgré les dégâts, il y a des gens heureux de ce qui s'est passé.

On pourrait croire à de l'opportunisme.

Un économiste parlerait d'"externalité positive".

Mais non, me dit Gonzales : c'est de la survie.

À midi, la chaleur écrase tout dans cette partie de la forêt tropicale. La fourgonnette de Petroperú dans laquelle nous parcourons le village effectue sa dernière livraison de vivres. Nous nous garons au bord de la rivière, devant la communauté awajun de Wachapea, l'une des dix que l'État a déclarées affectées par la fuite. Pour le nettoyage, en plus de la collecte manuelle et de l'extraction à l'aide de pompes à moteur, les ouvriers ont utilisé un produit biodégradable appelé Orange – à cause de son odeur semblable à celle du fruit – qui dissout le pétrole flottant en surface, du moins en apparence[1]. L'ingénieur

1. Pour l'assainissement de la fuite, Petroperú a engagé l'entreprise finlandaise Lamor qui, d'après les habitants de Nazareth ayant travaillé au nettoyage, a utilisé des produits chimiques peu efficaces pour nettoyer la rivière : ils font couler le pétrole visible et il suffit de remuer le fond pour le voir remonter à la surface, qui pourtant semblait propre. En décembre 2017, après avoir analysé des échantillons de sédiment, la Direction de la surveillance environnementale de l'énergie et des mines a conclu que l'utilisation du produit chimique Orange "ne constituait pas un système de dégradation du brut sur le sédiment, [...] raison pour laquelle le processus de nettoyage n'a pas été efficace dans sa totalité". En février 2018, l'Agence pour l'évaluation et l'application des lois environnementales a été encore plus claire en indiquant que le produit utilisé par Lamor

anonyme m'explique que c'est pour cette raison que tout ce secteur que nous voyons est désormais propre, qu'il y a peut-être "de légères taches inoffensives, comme si une goutte d'huile tombait dans toute la rivière".

Au bord du río Chiriaco, nous sommes reçus par une femme blanche aux cheveux gris, un crucifix en bois sur la poitrine. C'est Rosa Villar, la directrice de l'école Fe y Alegria 62 San José, un internat pour filles métisses et awajuns. Elle voudrait savoir si ses élèves peuvent désormais se baigner et jouer dans la rivière.

— Car certaines le font déjà, dit la religieuse. Pensez donc, nous avons plus de cinq cents jeunes filles. Elles y vont juste après le déjeuner. La rivière, c'est leur monde.

— Je ne peux pas vous le dire, vous le savez bien, répond l'ingénieur. Moi, ça fait un bout de temps que je me serais déjà baigné dans la rivière ! Maintenant, s'il y a encore des particules de pétrole dans les racines des arbres, qu'est-ce que je peux faire de plus ? Mettre la gorge sens dessus dessous[1] ?

"parvient à disperser les taches de brut pour les enlever des surfaces auxquelles il adhère au moment de la fuite, mais il ne possède pas de caractéristiques chimiques lui permettant de le dégrader, il ne fait que le disperser".

1. Bien que les autorités environnementales aient interdit de se baigner et de pêcher dans le río Chiriaco en raison de sa contamination par des métaux toxiques, en mars 2016, un mois après la fuite de pétrole à Nazareth, l'ingénieur de Petroperú Victor Huarcaya a déclaré lors d'une assemblée awajun : "On me dit que le poisson de la rivière est pollué et qu'on ne peut pas le manger. Je suis en mesure de vous dire que c'est faux : le poisson peut être mangé. Les eaux sont propres. Probablement que quelqu'un du coin dira : « oui, mais il y

La religieuse grimace, l'air inquiet. Elle se tait. L'ingénieur essaie de la convaincre des bonnes intentions de l'entreprise. Mais l'argent ne peut pas réparer un écosystème endommagé du jour au lendemain. Il faudra attendre plusieurs décennies, d'après les experts, pour qu'une vallée polluée par une fuite de pétrole se rétablisse naturellement. Il faudra attendre pour savoir comment et dans quelle mesure la santé des personnes sera affectée sur le long terme. Attendre encore et encore. Mais la vie humaine est courte.

Après la livraison des vivres, nous regagnons le campement de Petroperú par une route en terre. Yesenia Gonzales, l'assistante de l'ingénieur, me montre une énorme maison en béton au toit à deux pans.

— Regardez, c'est ma maison ! Les gens me disent que si j'ai déjà ma propre maison à vingt-quatre ans, qu'est-ce que je n'aurai pas plus tard !

En quatre mois de travail pour Petroperú, Gonzales et son mari ont construit leur maison. À eux deux, ils ont touché près de trente mille sols, environ neuf mille dollars. Pour gagner la même chose à l'échoppe de jus de fruits du marché, Yesenia aurait dû travailler dix ans d'affilée en épargnant chaque centime. Avec le salaire du pétrole, ils ont aussi soldé leurs dettes, acheté une télévision à écran plat, une chaîne stéréo, un congélateur,

---

a une pierre là qui est un peu plus noire ». C'est naturel." Cet épisode est relaté dans *Pétrole, peur du poison mortel* (2018), un reportage du Centre amazonien d'anthropologie et d'application pratique.

une moto-taxi. Ils ont acheté des poupées et des scooters pour leurs deux filles. Aujourd'hui, Yesenia possède son propre commerce de jus de fruits.

Quand je lui ai rendu visite, elle m'a raconté qu'un ami de son mari venait de lui apprendre qu'une nouvelle fuite avait eu lieu dans l'Oléoduc nord-péruvien, dans le secteur des gorges de l'Uchichiangos où vit une autre communauté awajun, à deux heures de route en voiture. Un rapport de l'Agence pour l'évaluation et l'application des lois environnementales, chargée d'enquêter sur les causes de cette fuite, indiquerait plus tard qu'elle a été provoquée "par des tiers", au moyen d'une scie. Gonzales pensait que, forte de son expérience, elle pourrait avoir du travail là-bas et économiser assez d'argent pour finir la cour de sa maison.

— Les gens me disent : "N'y allez pas, vous allez mourir. Attendez quatre ou cinq ans et vous verrez, vous serez sur le point de mourir !" a poursuivi Yesenia Gonzales avec son sourire timide. Je les écoute d'une oreille, mais je n'ai pas peur. Au contraire, je suis contente. Regardez-moi, je suis en parfaite santé, je n'ai mal nulle part ! J'ai ce dont j'ai toujours rêvé.

Edith Guerrero, grande amatrice de bambous et professeure de nutrition, dit qu'elle n'oubliera jamais la fois où un ingénieur de Petroperú a essayé de la convaincre que le pétrole était bon pour ses champs.

Elle se tient debout sous la pluie, à l'embouchure de la rivière Inayo, à partir de laquelle le pétrole s'est déversé dans le Chiriaco, le fleuve des Awajuns. Avant le jour de la fuite, Edith Guerrero possédait ici huit cents pieds de bambous, des vaches qui avaient de quoi paître, des pruniers et des lauriers de belle taille, et une rivière propre où les Awajuns pêchaient également. Mais quatre mois après l'accident, on dirait que son terrain de quarante hectares a été retourné par une douzaine de pelleteuses. Les plus grands arbres ont été abattus par les ouvriers pour construire des ponts. Tous ses bambous ont été déracinés lors du processus de nettoyage du sol. Son projet de plantation de riz est réduit à néant. Elle a dû emmener ses vaches dans des pâturages voisins. L'eau de la rivière, qu'elle utilisait pour irriguer ses terres et abreuver ses bêtes, est polluée. Vue du ciel, la rivière qui traverse son domaine est une cicatrice profonde et huileuse.

— Les natifs ne sont pas les seuls à être touchés, se plaint l'agricultrice aux jambes longues et aux yeux globuleux, née dans les montagnes de Cajamarca, tandis que nous marchons dans la boue. L'averse a transformé la terre défrichée en une vaste flaque orange, où nos bottes s'enfoncent et s'enlisent. Les ouvriers ont arraché mes bambous sans mon autorisation. “Ne vous inquiétez pas, madame, c'est Petroperú qui paie”, m'ont-ils dit.

Edith Guerrero me raconte que, malgré ses réclamations, et contrairement à d'autres agriculteurs qui, eux, ont été indemnisés, l'entreprise n'a toujours pas reconnu ses pertes.

Un jour de février, une semaine après que la fuite de pétrole a ravagé ses plantations, Edith Guerrero s'est rendue au campement de Petroperú pour demander des explications. Mais l'ingénieure qui l'a reçue a dit qu'elle ne savait rien.

— Vous ne savez pas non plus où ils ramassent le pétrole ? lui a demandé Edith, avec ironie.

— Dans la rivière, l'a narguée l'ingénieure. Et la rivière appartient à l'État.

Guerrero a ravalé sa colère. Elle est sortie du campement et a enfourché sa moto. De retour sur ses terres, elle a renvoyé à grands cris tous les travailleurs de l'entreprise. Le lendemain, elle est revenue très tôt avec son mari. Ils ont barré le chemin à l'aide de fil de fer barbelé. Quand les ouvriers sont arrivés, Guerrero les attendait, armée d'un bâton et de branches d'orties longues comme des fouets. Au bout d'une semaine, un ingénieur de Petroperú lui a rendu visite. Il a insisté pour qu'elle signe un document où l'entreprise s'engageait à payer tous les frais, même si aucun chiffre ni aucune date n'était précisé.

À présent, sur ses terres gorgées d'eau, huit cents barils contenant le pétrole ramassé dans la rivière attendent, recouverts de bâches en plastique bleu. Des hommes chaussés de bottes en caoutchouc et coiffés de casques orange ramassent çà et là les dernières gouttes de pétrole. Les sacs de terre et de végétation polluées s'entassent. Des tuyaux jaunes en plastique traversent le lit de la rivière et retiennent les résidus : des pellicules huileuses à la surface de l'eau.

Edith Guerrero se souvient qu'au moment de venir constater les dégâts, les autorités environnementales ont prélevé des échantillons de sol pollué à l'aide de gants spéciaux. Les employés utilisaient des masques parce qu'ils disaient que l'odeur était toxique. Ce n'était pas la première fois qu'ils étaient confrontés à ce genre de situation. Entre 2011 et 2018, soit les sept dernières années d'activité de l'Oléoduc, soixante et une fuites de pétrole et d'autres hydrocarbures se sont produites, dont 60 % causées par la corrosion ou des erreurs de fonctionnement, et 40 % par des sabotages. Rien qu'en 2016, quatorze accidents ont eu lieu, dont la catastrophe de Nazareth, d'après l'Agence pour l'évaluation et l'application des lois environnementales. Cette année-là, le ministre de l'Environnement, Manuel Pulgar Vidal, a même dénoncé les faits : Petroperú continuait de pomper du pétrole alors que la compagnie avait interdiction de le faire tant qu'elle ne procéderait pas aux travaux de maintenance du système. "L'Oléoduc est obsolète", a critiqué le ministre à la télévision nationale. Quelques jours plus tard, le président de Petroperú a présenté sa démission et un bilan favorable de sa gestion : en 2016, l'année des fuites, le chiffre d'affaires de l'entreprise s'élevait à 5 milliards de dollars. Ce rapport ne contenait pas une seule ligne sur la catastrophe écologique. Selon l'expertise du bureau d'État qui supervise l'Oléoduc, celui-ci n'a plus fait l'objet d'une révision complète et adaptée depuis 1998. L'entreprise dit que c'est dû à "des politiques d'austérité". Qu'il ne serait pas avisé de remplacer l'intégralité du pipeline car ce serait très coûteux. Dans un monde trouble et nauséabond comme celui de l'industrie pétrolière, il n'est pas déraisonnable de penser que d'autres fuites se produiront.

La fois où je lui ai rendu visite, Edith Guerrero m'a aussi raconté que Petroperú lui avait téléphoné pour négocier. L'entreprise avait besoin de construire une route à travers ses plantations pour évacuer les huit cents barils qui y sont entreposés. Les natifs de Yangunga, la communauté awajun située en face de ses terres, sur l'autre rive, ont tenté de la convaincre : construire la route leur donnerait du travail, ils pourraient installer une station de motos-taxis, ils pourraient même transporter plus rapidement leurs bananes pour les vendre à la ville. Mais Guerrero leur a dit qu'elle ne le permettrait pas tant que Petroperú ne lui versait pas les soixante-dix mille sols, plus de vingt et un mille dollars, qu'elle réclame pour tout ce qu'elle a perdu.

— Sinon, je suis capable de balancer moi-même ces barils dans la rivière, pour qu'ils comprennent enfin, ces escrocs !

— Et le dernier ingénieur qui est venu vous trouver, il vous a dit quoi ? lui ai-je demandé.

— "Vous ne savez pas, madame, que le pétrole, c'est de l'engrais pour votre riz ?"

Affublé d'un collier de graines et le visage peint de lignes rouges, Tatsuya Kabutan, l'ambassadeur du Japon au Pérou, suit avec maladresse le rythme des tambours. Entouré de femmes et d'enfants awajuns en jupes et couronnes de plumes, monsieur Kabutan – guindé et d'une propreté impeccable, en chemise blanche et pantalon noir – vient d'arriver à Epemimu, une partie montagneuse de la communauté de Nazareth, sur l'autre rive du Chiriaco, le fleuve contaminé par cinq cent mille litres de pétrole.

En ce matin de juillet, sept mois après la marée noire, la fureur du soleil n'empêche pas les festivités : la rue en terre est bordée de fleurs d'oranger, de feuilles de palmiers, de ballons blancs et rouges pour célébrer le "mois de la Patrie". Plusieurs centaines de personnes – villageois, fonctionnaires, policiers – accompagnent monsieur Kabutan et Francisco Dumler, le ministre du Logement, jusqu'à une petite estrade où ils vont inaugurer un ouvrage que leurs institutions ont construit en équipe : plus d'une centaine de salles de bains équipées de toilettes neuves, de douches et un réseau de canalisations acheminant l'eau jusqu'à chacune des cent quatre-vingts familles vivant ici. La comparaison avec la ville est inévitable : les natifs n'auront plus à parcourir de longues distances à pied pour aller chercher de l'eau dans des seaux ou des bouteilles en plastique. Il leur suffira désormais d'ouvrir le robinet pour boire, laver leur linge ou se doucher.

— Lorsque ce gouvernement est arrivé au pouvoir, seul un Péruvien sur trois dans les communautés natives ou les zones rurales avait accès à l'eau potable, annonce de l'estrade le ministre Dumler. C'est un Liménien robuste, au front large et à la moustache soignée, dont la voix retentit dans les haut-parleurs fatigués. Nous finirons l'année avec deux sur trois !

Des applaudissements et encore des applaudissements. Quelques minutes plus tard, ils descendent couper le ruban blanc et rouge, officialisant l'ouverture. Ensuite, entouré d'enfants, le ministre boit l'eau potable de la nouvelle canalisation. “Elle est bonne”, dit-il. L'ambassadeur Kabutan, à son côté, éponge la sueur de son visage à l'aide d'un mouchoir. Il regarde le ministre, mais ne se décide pas à boire. Il sourit, en revanche, pour la photo officielle. Des applaudissements et encore des applaudissements, s'il vous plaît.

Quand la cérémonie s'achève, j'interroge le ministre sur la rivière contaminée : sait-il quand elle sera à nouveau utilisable ? “Laissez-moi en discuter avec le ministre de la Santé, je lui ferai part de cette préoccupation”, répond-il en passant, et l'un de ses gardes du corps le guide vers son véhicule tout-terrain, où l'attend monsieur Kabutan. La directrice de la communication – cheveux teints en blond, lunettes de soleil, bottes noires – note mes coordonnées dans son iPhone dont la coque représente un gobelet de Starbucks. Avant de s'en aller, elle promet de m'envoyer la réponse de son chef par WhatsApp. Je l'attends toujours.

L'infirmière Janet Tuyas, qui observe la cérémonie sur le bas-côté de la rue en terre, protégée du soleil par son parapluie, me dira ensuite que “tout ça, c'est pour sauver les apparences”, qu'elle se méfie des travaux du Gouvernement. Janet Tuyas est une jeune femme awajun, aux yeux bridés et à la silhouette athlétique, qui travaille au centre de santé de Nazareth. Elle vit ici depuis qu'elle est adolescente et s'inquiète du fait que les gens ne savent toujours pas quand ils pourront à nouveau utiliser la rivière.

— Nous pouvons avoir tout ça, de l'eau, des égouts, mais notre rivière est pratiquement morte, dit l'infirmière avec tristesse. Personne ne se baigne ni ne pêche ici depuis des mois… enfin, presque personne.

Janet sort de son sac à dos son carnet de suivi : environ deux mois après la fuite, elle s'est occupée de trente-cinq patients souffrant de fièvres, de problèmes respiratoires, d'inflammation des amygdales, de brûlures à la gorge, de rougeurs, de mycoses. Elle a vu trois fillettes au corps couvert de points rouges semblables à des piqûres de moustiques. Presque tous ont reconnu s'être baignés dans la rivière et avoir mangé du poisson.

Dans l'après-midi, l'infirmière doit effectuer sa tournée de vaccination des bébés et des enfants. Nous grimpons dans une moto-taxi qui bringuebale sur un chemin de terre escarpé et caillouteux. À mesure que nous nous enfonçons dans la montagne, nous voyons apparaître çà et là, entre les huttes et les arbustes, des groupes de trois ou quatre enfants aux pieds nus, aux habits poussiéreux, occupés à jouer avec des bouts de bois ou des ballons ou des bouteilles en plastique. Certains d'entre eux me montrent du doigt – *apach muun, apach muun !* – et rient. On dirait parfois que la communauté n'est habitée que par des enfants. Ou par des jeunes filles tenant des enfants par la main ou portant des bébés dans leurs bras ou attachés dans le dos avec un châle, comme si elles portaient un sac à dos. Dans la jungle péruvienne, il n'est pas rare que trois femmes sur dix tombent enceintes ou aient un enfant avant d'avoir l'âge d'obtenir leur carte d'identité.

— J'ai voulu autre chose, dit Janet Tuyas, âgée de trente-neuf ans et sans enfants. Toutes n'ont pas cette possibilité.

À Nazareth, me raconte-t-elle, les hommes awajuns refusent d'utiliser des préservatifs et ne laissent pas non plus leur partenaire employer des moyens contraceptifs. Ils disent qu'ils ne veulent pas que leurs femmes leur soient infidèles. "Nous n'avons pas besoin de ça, se moquent-ils quand l'infirmière insiste, nous savons comment nous occuper d'elles." Cependant, Janet dit que ce n'est pas le plus grave : depuis la marée noire, en plus de maladies comme les dermatites, les fièvres et les diarrhées, les cas de VIH ont également augmenté.

Amazonas, la région où se trouve Nazareth, compte le plus grand nombre d'autochtones infectés par ce virus : d'après les chiffres du ministère de la Santé, les trente-cinq cas recensés en 2011 sont passés à cent quarante-quatre cas en 2017. Parmi eux, quarante-six adolescentes. Outre le manque d'information, me dit Janet, de nombreux hommes, dès qu'ils ont plus d'argent en poche, vont faire un tour dans les *cantinas* et les bordels de la ville ou des villages voisins. Ils s'y contaminent et, à leur retour, contaminent leurs femmes. Le problème est aggravé par le fait que certains hommes infectés se méfient de la science : ils ne sont pas malades, jurent-ils, on leur a jeté un sort.

Un collègue de Janet, infirmier à Lima, a eu maille à partir avec un couple qui a refusé le traitement antirétroviral et l'a menacé de mort pour leur avoir révélé le diagnostic : ils croyaient que c'était un sorcier qui leur avait "fait du mal". L'infirmier a dû demander son transfert dans un autre centre de santé. C'est pour ça, dit Tuyas, qu'ils font maintenant très attention avec les explications. Par précaution, ils protègent l'identité des patients en utilisant des noms de code.

Les infirmiers les appellent "Code Blanc".

Les Awajuns les appellent les *jata susamu*, les ensorcelés.

Le pétrole agit à l'image des virus, dont l'attaque est invisible. "C'est comme si quelque chose s'était immiscé dans la terre, dans l'eau, dans l'air." Certains anciens Awajuns, dit Janet, croient qu'il s'agit d'un "esprit malin". Dans leurs visions sous ayahuasca, ils les ont vus : ce sont des êtres noirs qui se déplacent sur l'eau, telles des taches d'huile.

— Dans la conception amazonienne du monde, l'esprit du pétrole a toujours existé, m'a expliqué l'anthropologue italien Emanuele Fabiano, qui a vécu pendant six ans avec la nation urarina dans la jungle du río Corrientes, au nord du Pérou, pour étudier l'impact des marées noires sur ces villages. Ces esprits étaient de "bons voisins" tant que personne ne les dérangeait. Mais les activités des compagnies pétrolières et les fuites les ont réveillés, mis en colère, et ils sont sortis de leurs territoires traditionnels. Ils vivent maintenant au sein des communautés.

Les Urarinas – qui, comme les Awajuns, ont constitué une main-d'œuvre bon marché pour nettoyer les fuites de pétrole de l'Oléoduc nord-péruvien – disent que l'esprit du pétrole s'enroule autour du corps comme un serpent. Si vous avez nettoyé la rivière, le combustible vous suivra jusque chez vous. Il rendra alors votre femme et vos enfants malades, il leur donnera des éruptions, des maux de tête, ils auront du mal à respirer. Avec le temps, vous perdrez l'envie de travailler, d'être en famille. Vous aurez peut-être de l'argent – préviennent les Urarinas – mais vous tomberez malade de tristesse.

À Nazareth, notre chauffeur de moto-taxi, Asterio Pujupat, père de neuf enfants, réfractaire à la contraception, me dit ensuite qu'il connaît plusieurs de ses compatriotes dans ce cas, et que ceux qui ont profité du salaire de Petroperú sont faciles à reconnaître. En face de sa cabane en palmes et en roseaux, il m'a montré une maison trois fois plus grande, à deux étages, bâtie en planches de bois neuves et en tôle ondulée. Une petite antenne de télévision par satellite trône sur l'un des toits. "Ce type a travaillé dans le pétrole", a ajouté Asterio, dans le peu d'espagnol qu'il connaît. Il a été déçu de ne pas trouver d'emploi sur le chantier nettoyage parce qu'il avait perdu sa carte d'identité. En revanche, d'autres Awajuns que je rencontrerais au fil des jours ont connu un sort meilleur – environ soixante adultes de Nazareth ont été embauchés par Petroperú – ou peut-être pas.

— Maintenant, mes enfants vont étudier au village. Et je suis en train de construire ma maison, j'ai déjà acheté les briques, dit Américo Taijín, maçon, qui a passé trois mois à nettoyer la gorge et la rivière à l'aide de tuyaux d'eau à pression.

— Avant je faisais juste des petits boulots, mais tout à coup la fuite est arrivée et elle nous a donné des opportunités. Si plus tard je tombe malade, je sais pas, hésite Abel Wanputsang, soudeur, qui a monté un bar équipé de lumières de discothèque, d'une chaîne stéréo et d'un frigidaire pour vendre des bières.

— Dieu est grand parce qu'ici on souffrait, on n'avait pas de travail. Le cacao ne marchait pas fort et la banane non plus, se souvient Nino Cuñachí.

Avec ce qu'il a gagné, cet agriculteur a monté chez lui une boutique de vêtements qu'il a rapportés de Gamarra, pôle commercial incontournable de Lima.

— Je n'appellerais pas ça une opportunité, ce travail n'est pas bon pour la santé. J'ai dit à mon fils de ne pas y aller, mais il ne m'a pas écouté, se plaint Salomón Awanansh, dirigeant awajun et admirateur du Che.

Son fils a maintenant une moto-taxi, un frigidaire et un écran plat de trente-six pouces.

— On a nettoyé le pétrole avec un produit spécial, mais mes professeurs disent que le brut s'est simplement déposé au fond de la rivière. J'ai arrêté parce que je commençais à me sentir nauséeux, faible, raconte Lenin Taijín, étudiant en cinquième année d'ingénierie environnementale, qui a ainsi pu payer ses frais d'université et finir de construire une chambre pour son futur enfant.

— La fuite nous a donné du travail, mais maintenant je veux me faire examiner, je veux savoir si j'ai quelque chose. J'ai vu deux amis s'évanouir, s'inquiète Leonardo Pujupat, cultivateur de bananes, qui a acheté des graines, une tronçonneuse, peint sa maison en bleu et l'a recouverte de tôles ondulées.

— Mon compagnon n'avait pas de travail mais maintenant il gagne bien sa vie, me raconte Janet Tuyas, pendant que nous poursuivons sa tournée de vaccination. Nous avons pu construire une petite maison. Le problème, c'est qu'il a dû aller patauger là-dedans.

Quand son mari rentrait après avoir ramassé du pétrole dans la rivière, Janet se rendait bien compte que la tenue de protection fournie par Petroperú ne servait à rien : tous ses vêtements étaient maculés de taches noires. Alors, pour ne pas se salir, il a enfilé la tenue de protection en ne gardant que son caleçon. Tous les soirs, en arrivant à la maison, il empestait le combustible. Janet dit que son mari veut maintenant aller nettoyer une autre marée noire, à Morona, dans la jungle de Loreto, à deux jours de bateau. Environ trois cent mille litres de pétrole ont pollué cette vallée à cause de l'usure d'un tronçon de l'Oléoduc. Son mari veut gagner de l'argent pour poser des portes et des fenêtres à leur maison.

— J'espère seulement qu'il n'aura pas de problème génétique à force d'être toute la journée dans le pétrole, soupire l'infirmière, qui n'a pas renoncé à son désir d'être mère dans quelques années. Imaginez un peu, et si mon enfant naissait avec une maladie ?

Passé 6 heures du soir, les lampes de nos téléphones nous permettent à peine d'éviter les flaques du sentier. Après avoir rendu visite à plusieurs familles, Janet Tuyas et moi arrivons à la dernière maison : celle d'un Code Blanc.

À l'intérieur de la cabane en branches et en feuillage, quelques bougies fournissent la seule lumière et projettent sur le sol en terre nos ombres surdimensionnées. Il y a une cuisinière à bois. Une étagère rouillée avec des assiettes et des casseroles. Un sac de comprimés sur une table rouge en plastique. Une palette en bois avec un matelas et, sur celui-ci, une jeune femme. Un rideau en gaze blanche nous sépare d'elle et la protège des moustiques. Un nouveau-né dort contre sa poitrine. Deux femmes s'occupent d'elle, ses voisines, qui discutent en awajun avec l'infirmière. Dans la pénombre, le visage cerné de la jeune femme et son corps menu sont à peine visibles. Sa voix est un chuchotement. Elle a accouché il y a cinq jours, me dit Janet. Elle a dix-sept ans. Je ne dois pas mentionner son nom.

Avant que nous arrivions, l'infirmière m'a raconté son histoire. Son mari, un Awajun qui a nettoyé le pétrole de la rivière, l'a mise enceinte et infectée. Il a ensuite disparu après avoir touché le salaire de Petroperú. Les amies de la jeune femme jurent qu'il est parti à la ville avec une autre femme. Janet dit à la jeune mère qu'elle ne doit pas donner le sein à l'enfant pour ne pas le contaminer. Mais, après avoir parlé quelques minutes avec elle en awajun, l'infirmière se désole.

— Elle l'allaite déjà, me traduit-elle. Elle dit qu'elle n'a rien d'autre à lui donner.

Plus tard, dans la nuit, alors que nous regagnons à pied le centre de santé pour qu'elle y dépose son sac à dos contenant les vaccins, Janet Tuyas réfléchit aux moyens d'aider son peuple. Beaucoup de choses ont changé depuis la marée noire, certaines en mieux, mais les problèmes préexistants n'ont fait qu'empirer. Dans la forêt tropicale de Nazareth, la précarité de nombreuses familles et l'indifférence de l'État font que même les façons d'aimer et de survivre ont été bouleversées.

La dernière fois que je l'ai vue, Janet m'a raconté que, parfois, quand elle rendait visite à certaines mères et grands-mères awajuns, ces dernières lui servaient du *boquichico* ou du *zúngaro* grillé, qu'elles pêchaient dans le Chiriaco. Pour ne pas se montrer impolie, l'infirmière mentait : elle promettait de manger le poisson chez elle, mais en réalité elle le jetait à la poubelle. Avant, elle les suppliait d'attendre que la rivière soit à nouveau propre, mais un jour l'une d'elles, agacée, lui a répondu : "Et on mange quoi, alors, quand on n'a pas d'argent ?" Depuis, l'infirmière Janet Tuyas, qui gagne peu mais assez pour acheter du poisson en ville, a décidé de se taire.

*

Le Chiriaco est une longue route d'eau de couleur boueuse. Il est inquiétant que, huit mois après la marée noire, en ce dimanche ensoleillé de septembre, certains habitants de la communauté soient en train d'y pêcher et que des poissons puissent y vivre. Des gens lavent leur linge, se baignent dans le Chiriaco tout au long de ses dix kilomètres et quelques. Le Chiriaco serpente, imperturbable, et à sa surface voguent des pirogues, certaines tachées de noir, et flottent des morceaux de bois, des sacs en plastique et, de temps à autre, le corps d'un petit animal mort.

Osman Cuñachí, enfant awajun, regarde la rivière et admet qu'elle lui manque, mais depuis le jour de la fuite il n'ose plus s'y baigner. À l'œil nu, il n'y a plus aucune trace de pétrole dans l'eau. Mais tant que les autorités environnementales ne l'annonceront pas officiellement, son papa le lui a interdit. Sous peine de punition.

— Certains mangent le poisson parce qu'ils n'ont rien d'autre. Chez moi on n'en mange pas, même quand on nous en donne. Maintenant je dois manger plus de légumes, et j'aime pas ça.

Le fait de "manger plus de légumes", dit Osman, est l'une des nombreuses recommandations que le docteur a faites à sa maman ce matin, après leur avoir expliqué ce qui se passait dans un corps efflanqué de onze ans qui a été en contact avec le brut.

Comme promis, le docteur Fernando Osores était de retour à Nazareth avec une délégation de la Coordination nationale des droits de l'homme et du Centre amazonien d'anthropologie et d'application pratique, afin de divulguer les résultats des analyses réalisées au Québec : ces échantillons de sang, d'urine et de mèches de cheveux prélevés sur vingt-cinq garçons et filles qui avaient ramassé du pétrole dans la rivière.

Les résultats démontraient ce qu'Osores, spécialiste de ce genre de catastrophe, soupçonnait : la présence de cadmium, de plomb et d'arsenic dans l'organisme de ces mineurs. Au cours d'une assemblée réservée uniquement aux familles awajuns, Osores a expliqué la situation : normalement, on ne devrait retrouver dans le sang aucune particule de ces métaux toxiques, mais les résultats indiquent que ces enfants en ont plus que ce que l'Organisation mondiale de la santé fixe comme limite.

— À présent, l'État doit procéder à un suivi approfondi et déterminer si notre découverte est due à une exposition ponctuelle ou persistante, m'explique Osores. Si c'est persistant, alors ces personnes sont en cours d'empoisonnement.

Si l'hypothèse du médecin se vérifie, lorsqu'ils deviendront adolescents, dans cinq ou dix ans peut-être, ces enfants – surtout ceux affaiblis par l'anémie et la malnutrition – pourraient présenter des troubles du système nerveux et des difficultés d'apprentissage, avoir de l'hypertension, une insuffisance rénale ou même développer un cancer à l'âge adulte. Face à cette possibilité, l'État devrait déterminer les risques et prendre des mesures immédiates.

Les mois passeraient, et peu ou rien ne serait fait pour répondre à cette urgence.

Pendant que tout cela avait lieu à Nazareth, à plus de mille kilomètres de là, au siège de la compagnie – un immeuble brutaliste dans le centre financier de Lima, imitant la forme d'une plateforme pétrolière – les chefs de

Petroperú daignaient à peine donner des explications à la presse. À travers des communiqués officiels, la compagnie a affirmé que, sur les quatorze fuites survenues en Amazonie en 2016 – le chiffre le plus élevé de la dernière décennie –, neuf d'entre elles résultaient de sabotages commis par des tiers. Elle a insinué que des autochtones cupides avaient entamé le pipeline à coups de scie. Mais une commission du Congrès de la République, qui a enquêté sur ces fuites en 2017, a conclu, entre autres choses, qu'il n'existait pas de preuves raisonnables confortant cette hypothèse. Au contraire : il a été mis en évidence de "possibles délits et faits de corruption ou, pour le moins, une intolérable incompétence des fonctionnaires de Petroperú". Le rapport final – transmis au procureur pour enquête – reconnaît que le manque d'entretien de l'Oléoduc est à l'origine du problème. Et il ajoute cette information : au cours des neuf dernières années, ce serpent d'acier a déversé au moins quatre millions de litres de pétrole dans l'Amazone. L'équivalent de deux piscines olympiques de brut a été vidé dans les rivières et les vallées où vivent des milliers de familles comme les Awajún.

C'est un paradoxe pervers du développement qu'une catastrophe aussi terrible qu'une marée noire et la mort de rivières puisse devenir temporairement une bonne chose pour les villages. Il s'agit d'une réalité qui n'est généralement pas montrée aux actualités, qui court-circuite le cerveau et nous met face à nos contradictions. L'histoire de Nazareth – le berceau d'Osman Cuñachí et des “enfants du pétrole” – n’est rien d’autre qu’un petit miroir dans lequel nous regarder.

Pendant que nous laissons le río Chiriaco derrière nous pour regagner sa cabane, Osman me raconte que le docteur a parlé avec sa mère et qu’il l’a beaucoup inquiétée. Il n’a pas très bien compris ce qu’a dit le docteur, à dire vrai sa mère non plus. Osman comprend juste qu’il a “quelque chose, une maladie”, mais pour l’heure il ne se sent pas malade.

— Et qu’as-tu dit à ta maman ? je lui demande.

— Que si j’ai une maladie et que je meurs, ben, je meurs, sourit Osman avant d’aller jouer avec ses copains.

L’idée de la mort lui apparaît encore lointaine.

Et il ne devrait pas en être autrement.

La dernière fois que nous nous sommes parlé, en février 2017, un an après la fuite, Osman Cuñachí venait de fêter ses douze ans. Il entrait dans sa première année d’études secondaires. Il continuait de se lever à 5 heures du matin pour sauter sur son vélo et partir à l’école. Il rentrait à une heure de l’après-midi pour déjeuner, jouer avec ses chiens Lucky, Bobby et Micky, faire ses devoirs, aider sa maman dans les plantations, regarder *Dragon Ball* à la télé avec ses frères, chasser des scorpions avec ses copains. Il n’avait plus tellement la tête qui tourne : il lui restait seulement des petites cicatrices sur les bras et les jambes de s’être gratté si fort. “Je veux juste être en bonne santé comme n’importe quel garçon, ne pas avoir peur d’une tumeur plus tard”, m’a-t-il dit. Il voulait toujours s'installer un jour à Lima et poursuivre ses projets : devenir architecte ou gardien de but professionnel. Apprendre le karaté. Se baigner dans la mer. Aller au cinéma. Être moins timide avec les filles. Avoir, enfin, son propre smartphone.

Il a douze ans.

Il a, il devrait avoir, toute la vie devant lui.

ÉPILOGUE

"C'est en l'écrivant que je le comprends, maintenant."

J. M. G. Le Clézio
L'Africain

J'aimerais dire que les choses ont commencé différemment, mais non : les graines de ce livre ont été semées par hasard. Ce ne sont pas des histoires que j'ai choisi d'écrire au départ. Elles sont plutôt le fruit de défis que m'ont lancés mes éditeurs, mais qui, avec le recul, semblent dessiner un chemin préexistant. C'est au cours de l'hiver 2012 que j'ai commencé à publier des articles de fond dans les pages d'*Etiqueta Verde*, au rythme d'un par an, sur les communautés autochtones des Andes et de l'Amazonie péruviennes. Des histoires d'hommes et de femmes qui s'opposent au pouvoir économique et politique, aux mafias et à la corruption, pour défendre la forêt, les montagnes et les rivières qu'ils considèrent comme leur maison. Il s'agit de réalités que nous autres, journalistes qui travaillons dans les villes, ignorons bien souvent ou passons sous silence, et quand nous nous hasardons à les regarder et à les raconter, nous avons tendance à mal interpréter leurs codes, à romantiser leur pauvreté et même à diaboliser leurs revendications.

À partir de cet hiver-là, et pendant les cinq années qui ont suivi, en plus des histoires que je relate ici, j'ai publié des chroniques et des portraits dans différents magazines et des ouvrages collectifs. J'ai écrit sur une ingénieure de la jungle péruvienne qui voyage du Mexique à l'Inde pour lutter contre les mafias qui contrôlent les déchets. Sur une cartographe qui enseigne aux indigènes harakbut à piloter des drones pour protéger leurs forêts des mineurs illégaux. Sur un agriculteur et violoniste de *huaynos* qui lutte contre le changement climatique pour protéger trois cents espèces de pommes de terre endémiques menacées d'extinction. Sur une dirigeante asháninka qui s'emploie à unir son peuple pour dénoncer les manœuvres de l'État et éviter la construction d'un barrage sur des terres ancestrales.

À l'époque, quand on me demandait pourquoi je consacrais des mois et des mois à enquêter et à écrire sur ces sujets, je n'avais pas de réponse claire, juste une intuition. Jusqu'au jour où, à la fin de l'année 2015, alors que j'avais quitté mon travail pour aller suivre un master en Espagne, j'ai relu ces articles et saisi qu'il y avait entre eux quelque chose qui allait au-delà du journalisme d'investigation, un fil conducteur caché, plus complexe que la question environnementale.

Avec le temps, les voyages et les lectures, j'ai compris qu'en écrivant sur les conflits territoriaux, sur ceux qui habitent et défendent les montagnes et les forêts, je n'étais pas en train de leur "donner la parole". Je me la donnais à moi-même. J'avais écrit, sans le vouloir, sur l'endroit d'où venait ma famille.

Je suis né à Lima, mais j'ai grandi dans un foyer aux racines amazoniennes. Ma grand-mère maternelle, Mamita Lilí, est née à Vistoso, une communauté de la nation Kukama Kukamiria, dans la jungle nord du Pérou, emportée dans les années 1940 par les eaux d'une rivière en crue. À l'âge de treize ans, après trois années d'instruction primaire, ma grand-mère a décidé de s'installer à Lima chez une tante qui avait promis de veiller à son éducation. Elle voulait devenir infirmière, mais comme des milliers de fillettes et d'adolescentes provinciales de mon pays, elle s'est retrouvée exploitée : sa tante l'a fait travailler comme bonne, puis, pour se débarrasser d'elle, l'a mariée à un voisin de dix ans son aîné. Il lui avait promis de la ramener dans la forêt tropicale, "sa terre", si elle acceptait de devenir sa femme. Mamita Lilí avait quatorze ans. Mon grand-père, un électricien de Celendín, une ville des montagnes de Cajamarca, n'a jamais tenu parole.

Au fil du temps, désormais installée dans un quartier de San Martín de Porres, le "Cono Norte" de Lima, Mamita Lilí a élevé huit enfants et construit une maison grâce à son travail de couturière pour la force aérienne du Pérou. Comme elle était belle et sympathique, m'a-t-elle raconté, on l'invitait souvent aux dîners officiels.

C'est là qu'elle a commencé à imiter les manières raffinées des épouses de militaires. Elle a appris à se servir des couverts, à boire des cocktails plutôt que des sodas, à s'asseoir en croisant les jambes, à se maquiller. Elle a peu à peu modulé son accent sur celui des Liméniens. Elle s'est prise de passion pour les courses de chevaux et les loteries. Elle a réussi à envoyer presque tous ses enfants à l'université. Dans une ville qui, aujourd'hui encore, considère l'Amazonie et les Andes comme une terre de gens exotiques et pauvres, il n'y avait qu'ainsi, en se "liméniennisant", croyait Mamita Lilí, qu'elle pourrait aller de l'avant. Et en ville, aller de l'avant signifiait, en un certain sens, cesser d'être qui elle était.

J'ai commencé à explorer cette histoire familiale après avoir effectué de nombreux voyages à l'intérieur du Pérou et écrit les textes qui composent ce livre. À l'image de ma grand-mère, les protagonistes de ces récits sont en conflit avec ce qui les définit, conflit qu'ils s'efforcent de dénouer. Ce sont des vies qui, comme l'a écrit Svetlana Alexievitch, "ne s'inscrivent pas dans l'Histoire", mais "disparaissent sans laisser de trace". La différence étant que la plupart de ces gens n'ont pas migré en ville pour aller de l'avant, comme Mamita Lilí. Ils ont décidé de rester et de livrer une sorte de guerre – à l'intérieur et à l'extérieur d'eux-mêmes – pour que leur culture et la vie qu'ils connaissent ne soient pas écrasées par le pouvoir d'une entreprise, d'une mafia ou d'un Gouvernement qui les traite comme s'ils n'étaient pas des citoyens.

Les trois histoires que je relate ici montrent que ce schéma de violence se perpétue depuis des années dans une totale impunité. L'assassinat d'Edwin Chota et de ses compagnons asháninkas demeure impuni, et la communauté de Saweto, qu'ils ont défendue jusqu'au bout, est toujours menacée par les trafiquants de bois. Malgré sa force impressionnante, Máxima Acuña a été très affectée psychologiquement, et elle est physiquement très affaiblie par le stress de ses procès contre la compagnie minière Yanacocha. Pour prendre soin d'elle, ses enfants poursuivent aujourd'hui son combat et défendent leurs terres de Tragadero Grande, tandis que le dossier s'enlise dans les tribunaux. Osman Cuñachí n'a pas pu s'installer à Lima pour étudier à l'université, comme il l'avait imaginé. À la fin de ses études secondaires, il a trouvé un travail temporaire de valet de chambre dans un hôtel de Chiclayo, une ville touristique de la côte péruvienne. Aujourd'hui, même s'il a encore parfois des vertiges et des maux de tête, il espère pouvoir économiser suffisamment pour soutenir ses frères cadets et poursuivre ses études – ainsi, il sera en mesure d'aider son village.

Chacun d'eux, selon les circonstances, continue de livrer des guerres que personne, officiellement, n'appelle "guerres". Des guerres pour la terre et l'identité. Des guerres où s'affrontent différentes conceptions du progrès. Des guerres qui se sont propagées de génération en génération dans les villages d'Amérique latine, tel un héritage lourd et silencieux parvenu jusqu'à nous, et auquel nous pouvons difficilement renoncer.

Au Pérou, sept conflits sociaux sur dix sont causés par l'exploitation des ressources naturelles. Les industries du bois, de l'or et du pétrole ont occupé une place centrale dans les différents projets de modernisation des pays d'Amérique latine – que leurs gouvernements soient de gauche ou de droite, autoritaires ou démocratiques – mais, dans le même temps, elles ont été à l'origine de crimes infligés aux populations autochtones et aux communautés rurales, des crimes que nous avons ignorés ou banalisés du fait de leur fréquence.

En Amérique latine – la région la plus fortement urbanisée et aussi la plus inégalitaire du monde – l'idée de modernité a souvent débouché sur une conception monoculturelle et agressive de l'histoire. Dans ce livre, le bois, l'or et le pétrole ne sont pas seulement des matières premières : ce sont les métaphores de conflits humains, ceux que provoque la collision entre différentes conceptions du développement. Ces conflits révèlent les contradictions de nos sociétés, l'indifférence et le cynisme conjugués qui régissent notre quotidien, mais aussi les actes extraordinaires dont nous sommes capables lorsque nous avons le sentiment qu'est attaqué ce quelque chose qui nous définit.

Le mot *intérieur*[1], en ce sens, ne désigne pas seulement un espace physique – l'intérieur de la Terre d'où sont extraites les ressources naturelles ; l'intérieur du pays,

---

1. Le titre original de cet ouvrage est *Guerras del interior* (Guerres de l'intérieur). Il a été modifié pour la publication française, en collaboration avec l'auteur.

ce “Pérou profond”, comme dirait l’anthropologue José Maria Arguedas, où se déroulent ces conflits – il suggère aussi l’espace mental et émotionnel des besoins et des désirs humains, tels que la sécurité, l’ostentation, le pouvoir, le dépassement de soi. J’ai choisi le bois, l’or et le pétrole comme symboles du progrès, cette panacée que nous poursuivons tous. Le problème est de savoir ce que nous sommes prêts à sacrifier, en tant qu’individu et en tant que société, pour l’obtenir.

J’ai tenté d’esquisser quelques réponses en enquêtant non pas sur les événements des conflits sociaux, mais plutôt sur les affaires humaines qui sont au cœur de ces conflits. Je m’intéresse à la pression que les faits et les événements peuvent exercer sur les gens et m’emploie à consigner – pour reprendre les mots de l’écrivain Julio Ramón Ribeyro – “l’histoire psychologique d’une décision humaine”.

Qu’est-ce qui pousse une femme à risquer sa vie et celle de ses enfants, à se battre et résister contre une société minière qui veut l’expulser d’une terre ? Qu’est-ce qui pousse un électricien à quitter sa femme, ses enfants et le confort de la ville pour s’enfoncer dans les profondeurs de la jungle, devenir un chef indigène et risquer la mort par des bûcherons illégaux ? Qu’est-ce qui pousse un enfant à plonger dans une rivière contaminée par le pétrole – un désastre qui, au lieu d’être une calamité pour son village, se transforme soudain en une source insolite de progrès ? Quels intérêts motivent ces décisions ? Jusqu’à quel point ces dernières changent-elles à jamais une vie et la vie de son entourage ? Les réponses possibles se trouvent dans les histoires elles-mêmes et diffèrent dans chaque cas : la colère, la peur, la dignité menacée, l'ambition, la solitude, la mort. Ces éléments se combinent ou agissent individuellement sur nous.

Les véritables conflits sociaux et environnementaux ne se déroulent pas au-dehors, sur les routes bloquées et dans les manifestations de masse, ils ont d'abord lieu dans notre for intérieur, dans ce que certains appellent l'âme et d'autres la conscience. Et lorsqu'ils se produisent, s'installe en nous, explicite ou pas, le sentiment que quelque chose qui nous appartient et nous définit a été fracturé et ne pourra peut-être jamais être réparé.

Ce monde considéré par la "culture dominante" comme "marginal", "arriéré", "pas moderne" n'est pas un territoire étranger dans lequel, comme beaucoup de journalistes, je me suis rendu pour faire un reportage. Le monde que je dépeins ici est le monde d'où je viens.

En septembre 2016, un jour comme les autres, je suis allé pour la première fois avec Mamita Lilí à Pucallpa, dans la jungle de son enfance, pour tenter de retracer ses origines. Je voulais connaître la femme qu'elle a cessé d'être quand elle s'est installée dans la capitale. J'ai enregistré des heures et des heures de conversation. J'ai interviewé ses cousins, ses frères, des oncles qui – chose incroyable – vivaient encore. Au terme de ce voyage, quelques jours avant mon départ pour Barcelone, nous nous sommes promis de revenir bientôt, cette fois dans la forêt tropicale où se trouve le village de Vistoso. Nous voulions savoir ce qu'il restait de la communauté disparue où elle est née. Elle m'a aussi remis une enveloppe blanche contenant de vieilles photos, des lettres personnelles, son acte de naissance : des fragments de mémoire. C'est la dernière fois que je l'ai vue. Deux mois plus tard, alors que je commençais à organiser mes idées pour ce livre, Mamita Lilí est morte d'un cancer. Elle avait soixante-dix-huit ans.

Aujourd'hui, en écrivant ces lignes, je m'interroge sur ce qui m'a conduit jusqu'ici, jusqu'à cette page. Je me souviens de ce que j'ai ressenti lorsque ma grand-mère m'a raconté sa vie, des liens internes qui me sont apparus soudain et qui ont relié son histoire à la mienne et à mon travail de journaliste. À partir de ce jour, mon projet a commencé à prendre une autre forme, comme si un puzzle, aux pièces renversées sur une table, se résolvait de lui-même sans l'aide de mes mains. J'aime que ce projet ait surgi et mûri ainsi. Les histoires qui composent cet ouvrage contiennent des lieux, des détails et des contradictions auxquels je m'identifie et qui continuent de m'interpeller. Écrire ce livre a été, en quelque sorte, une façon de leur ouvrir la porte.

San Martín de Porres, Lima,
septembre 2018-décembre 2023

BIBLIOGRAPHIE

Je n'ai pas voulu encombrer la lecture de références bibliographiques, mais il s'agit d'être rigoureux avec l'information. Les citations et les données reproduites peuvent être retrouvées dans cette liste. Bien que les titres de ces ouvrages, rapports et articles ne soient pas toujours explicitement cités dans le livre, leur lecture a été vitale dans mon effort de compréhension et d'approfondissement.

Bois

Babbitt, Bruce et Lovejoy, Thomas, "Opinion: The Foretold Death of Edwin Chota" (La mort annoncée d'Edwin Chota), *Folha de Sao Paulo*, São Paulo, 2014.

Calvo, César, *Las tres mitades de Ino Moxo y otros brujos de la Amazonía* (Les trois moitiés d'Ino Moxo et autres sorciers d'Amazonie), Iquitos, Proceso Editores, 1981.

Everett, Daniel L., *Don't Sleep, There are Snakes. Life and Language in the Amazonian Jungle* (Ne dors pas, il y a des serpents. Vie et langage dans la jungle amazonienne), Profile Books, 2010.

Fowles, John, *L'Arbre*, trad. François Rosso, éditions des Deux Terres, Paris, 2003.

Grann, David, *La Cité perdue de Z*, trad. Marie-Hélène Sabard, Robert Laffont, 2010.

Harley, John Brian, *The New Nature of Maps. Essays in the History of Cartography* (La nouvelle nature des cartes. Essais sur l'histoire de la cartographie), édité par Paul Laxton, The Johns Hopkins University Press, 2001.

Jahren, Hope, *Lab Girl. Une histoire de science, d'arbres et d'amour*, trad. Lucile Débrosse, Quanto, 2019.

Mancuso, Stefano et Viola, Alessandra, *L'Intelligence des plantes*, trad. Renaud Temperini, Albin Michel, 2018.

Mytting, Lars, *L'Homme et le Bois*, trad. Alex Fouillet, Gaïa, 2016.

Neuman, William et Zárate, Andrea, "Corruption in Peru Aids Cutting of Rain Forest" (La corruption au Pérou favorise l'abattage de la forêt tropicale), *The New York Times*, 18 octobre 2013.

Osorio, Leonardo, *Landscape Appropriation and Socio-environmental Adaptability of Ashéninka People in the Border Area of Amazonian Peru and Brazil* (Appropriation du paysage et adaptabilité socio-environnementale du peuple asháninka dans la zone frontalière de l'Amazonie péruvienne et brésilienne), School of Anthropology and Conservation at University of Kent, 2012.

Palumbo, Ornella, "Un bosque de problemas" (Une forêt de problèmes), *Hildebrandt en sus trece*, du 3 au 9 octobre 2014.

Pollan, Michael, *La Botanique du désir. Ces plantes qui nous séduisent*, trad. Sébastien Marty, Autrement, 2001.

Santos, Fernando et Barclay, Frederica (éd.), *Guía Etnográfica de la Alta Amazonía (Volumen V)* (Guide ethnographique de la Haute Amazonie [Volume V]), Smithsonian Tropical Research Institute – Institut français d'études andines, 2005.

Urrunaga, Julia, "Un concierto de rock por los árboles. ¿A qué suena una guitarra hecha con madera ilegal?" (Un concert de rock pour les arbres. Quel son a une guitare faite en bois illégal ?), *Etiqueta Verde*, n° 6, octobre 2012.

Varese, Stefano, *La sal de los cerros. Notas etnográficas e históricas sobre los Campa de la selva del Perú* (Le sel des collines. Notes ethnographiques et historiques sur les Campas de la jungle du Pérou), Université péruvienne de sciences et technologie, 1968.

Collectif, *At What Cost? Irresponsible Business and the Murder of Land and Environmental Defenders in 2017* (À quel prix ? Entreprises irresponsables et l'assassinat de défenseurs de la terre et de l'environnement en 2017), Global Witness, Londres, juillet 2018.

Collectif, *El ambiente mortal de Perú. El aumento de asesinatos de defensores de ambientales y de la tierra* (L'environnement mortel du Pérou. L'augmentation des meurtres de défenseurs de l'environnement et de la terre), Global Witness, novembre 2014.

Collectif, *Moment of Truth. Promise or Peril for the Amazon as Peru Confronts its Illegal Timber Trade* (Le moment de vérité. Opportunité ou menace pour l'Amazonie alors que le Pérou fait face à son commerce illégal de bois), Environmental Investigation Agency, janvier 2018.

Collectif, *Justice for Forests. Improving Criminal Justice Efforts to Combat Illegal Logging* (Justice pour les forêts. Améliorer

les efforts de justice pénale pour lutter contre l'exploitation forestière illégale), The World Bank, 2012.
Collectif, *The Laundering Machine. How Fraud and Corruption in Peru's Concession System Are Destroying the Future of its Forest* (La machine à laver. Comment la fraude et la corruption du système de concession péruvien détruisent l'avenir de sa forêt), Environmental Investigation Agency, 2012.
Collectif, *L'Obstination du témoignage. Rapport annuel*, Observatoire pour la protection des défenseurs des droits de l'homme, 2011.
Collectif, *Libro Azul británico. Informes de Roger Casement y otras cartas sobre las atrocidades en el Putumayo* (Livre bleu britannique. Rapports de Roger Casement et autres lettres sur les atrocités commises à Putumayo), Centro Amazónico de Antropología y Aplicación Práctica (CAAP) et International Work Group for Indigenous Affairs (IWGIA), décembre 2011.
Collectif, *The Scramble for Land Rights. Reducing Inequity between Communities and Companies* (La course aux droits fonciers. Réduire les inégalités entre les communautés et les entreprises), World Resources Institute, juillet 2018.
Wallace, Scott, "Mahogany's Last Stand" (Le dernier combat de l'acajou), *National Geographic*, vol. 32, n° 4, avril 2013.

Or

Anaya, James, *Extractive Industries and Indigenous Peoples. Report of the Special Rapporteur on the Rights of Indigenous Peoples* (Industries extractives et peuples autochtones. Rapport du Rapporteur spécial sur les droits des peuples autochtones),

Assemblée générale de l'Organisation des Nations unies, 1er juillet 2013.

Angier, Natalie, “Moonlighting as a Conjurer of Chemicals”, *The New York Times*, 12 octobre 2010.

Berthelot, Marcellin, *Les Origines de l'alchimie*, Paris, Georges Steinheil éditeur, 1885.

Barenys, Marta *et al.*, “Heavy Metal and Metalloids Intake Risk Assessment in the Diet of a Rural Population Living Near a Gold Mine in the Peruvian Andes (Cajamarca)” (Évaluation des risques liés à l'apport de métaux lourds et de métalloïdes dans l'alimentation d'une population rurale vivant à proximité d'une mine d'or dans les Andes péruviennes [Cajamarca]), *Food Chemical Toxicology Journal*, juin 2014.

Bernstein, Peter L., *Le Pouvoir de l'or. Histoire d'une obsession*, trad. André Cabannes, Mazarine, Paris, 2007.

De Echave, José et Diez, Alejandro, *Más allá de Conga* (Au-delà de Conga), Red Peruana por una Globalización con Equidad, 2013.

Diamond, Jared, *De l'inégalité parmi les sociétés. Essai sur l'homme et l'environnement dans l'histoire*, trad. Pierre-Emmanuel Dauzat, Gallimard, 2000.

Harari, Yuval N., *Sapiens. Une brève histoire de l'humanité*, trad. Pierre-Emmanuel Dauzat, Albin Michel, Paris, 2015.

Galeano, Eduardo, *Les Veines ouvertes de l'Amérique latine*, trad. Claude Couffon, Pocket, Paris, 2001.

Lamer, Brook, “The Real Price of Gold” (Le vrai prix de l'or), *National Geographic*, janvier 2009.

Lino Cornejo, Elizabeth (estudio y selección), *Josefina. La mujer en la lucha por la tierra* (Josefina. La femme qui lutte pour la terre), Pakarina Ediciones, 2014.

Lips, Ferdinand, *Gold Wars. The Battle against Sound Money as Seen from a Swiss Perspective* (Les guerres de l'or. La bataille contre l'argent sain vue dans une perspective suisse), Foundation for the Advancement of Monetary Education, 2001.

Mann, Charles C., *1491. Nouvelles révélations sur les Amériques avant Christophe Colomb*, trad. Marina Boraso, Albin Michel, Paris, 2007.

Mann, Charles C., *1493. Comment la découverte de l'Amérique a transformé le reste du monde*, trad. Marina Boraso, Albin Michel, Paris, 2013.

Mayer, Enrique, *Cuentos feos de la Reforma Agraria peruana* (Les vilaines histoires de la réforme agraire péruvienne), Instituto de Estudios Peruanos, Lima, 2017.

Moran, Robert et Koenig, Peter, *Conga No Va. An Assessment of the Conga Mining Project in Light of World Bank Standards* (Une évaluation du projet Conga Mining à la lumière des normes de la Banque mondiale), Columbia Law School Human Rights Clinic, New York, septembre 2015.

Perlez, Jane et Bergman, Lowell, "Tangled Strands in Fight Over Peru Gold Mine", *The New York Times*, 14 juin 2010.

Rostworowski, Maria, *Historia del Tahuantinsuyu* (Histoire du Tahuantinsuyu) (3e édition), Instituto de Estudios Peruanos, 2018.

Scorza, Manuel, *Redoble por Rancas* (Roulement de tambour pour Rancas), Ediciones Peisa, 1983.

Todorov, Tzvetan, *La Conquête de l'Amérique. La question de l'autre*, Seuil, Paris, 1982.

Virilio, Paul, *L'Administration de la peur*, Textuel, Paris, 2010.

Collectif, *Evolución de la pobreza monetaria 2007-2017. Informe técnico* (Évolution de la pauvreté monétaire 2007-2017. Rapport technique), Instituto Nacional de Estadística e Informática, avril 2018.

Collectif, *Geografías del conflicto. Informe de investigación de Oxfam sobre Perú y Ghana* (Géographies du conflit. Rapport d'enquête d'Oxfam sur le Pérou et le Ghana), mars 2014.

Collectif, *Informe anual. Un año del gobierno de Ollanta Humala* (2011-2012) (Rapport annuel. Une année du gouvernement d'Ollanta Humala [2011-2012]), Coordinadora Nacional de Derechos Humanos, 2012.

Collectif, *La protesta social en América Latina* (La contestation sociale en Amérique latine), Siglo XXI editores, 2012.

Collectif, *Minera Yanacocha S.R.L. Proyecto Conga. Estudio de impacto ambiental – Informe final* (Mine Yanacocha S.R.L. Projet Conga. Étude d'impact environnemental – Rapport final), Knight Piésold Consultores S.A., février 2010.

Collectif, *Reporte mensual de conflictos sociales N° 173* (Rapport mensuel sur les conflits sociaux n° 173), Defensoría del Pueblo, juillet 2018.

Wiener, Raúl et Torres, Juan, *El caso Yanacocha. La Gran Minería: ¿paga los impuestos que debería pagar?* (L'affaire Yanacocha : les grandes entreprises minières paient-elles les impôts qu'elles devraient payer ?), Red Latinoamericana sobre Deuda, Desarrollo y Derechos (Latindadd), 2014.

World Gold Council, "Gold Demand Trends" (Tendances de la demande d'or) : www.gold.org/research/gold-demand-trends

Yacoub, Cristina *et al.*, "Trace Metal Content of Sediments Close to Mine Sites in the Andean Region" (Tracer la teneur en métaux des sédiments proches des sites miniers de la région andine), *The Scientific World Journal*, 2012.

Pétrole

Beavan, Colin, *No Impact Man. Peut-on sauver la planète sans rendre dingue sa famille ?*, trad. Joëlle Touati, Fleuve Éditions, 2010.

Connor, Steve, "Warning: Oil Supplies Are Running out Fast" (Avertissement : les réserves de pétrole s'épuisent rapidement), *The Independant*, Londres, 3 août 2009.

Descola, Philippe, *Les Lances du crépuscule. Relations Jivaros, Haute-Amazonie*, Plon, 1994.

Guallart, José María, *Entre pongo y cordillera. Historia de la etnia Aguaruna-Huambisa* (Entre cluse et cordillère. Histoire de l'ethnie Aguaruna-Huambisa), Centro Amazónico de Antropología y Aplicación Práctica, 1990.

Heinberg, Richard, *Pétrole. La fête est finie ! Avenir des sociétés industrielles après le pic pétrolier*, trad. Hervé Duval, Éditions Demi-Lune, 2018.

Herzog, Werner, *Conquête de l'inutile*, trad. Coralie Courtois, Capricci, 2009.

Jochamowitz, Luis, *Crónicas del petróleo en el Perú* (Chroniques du pétrole au Pérou), Grupo Repsol YPF, 2001.

Kapuściński, Ryszard, *Le Shah*, trad. Véronique Patte, Flammarion, Paris, 2010.

Klare, Michael T., *Rising Powers, Shrinking Planet. The New Geopolitics of Energy* (Puissances montantes, planète qui rétrécit. La nouvelle géopolitique de l'énergie), Metropolitan Books, 2008.

Leonard, Annie, Fox, Louis et Sachs, Jonah, *The Story of Stuff* (L'histoire des objets), film réalisé par Louis Fox, 2007.

Macera, Pablo, *Historia del petróleo peruano (Volumen I). Las breas coloniales del siglo XVIII* (Histoire du pétrole péruvien [Volume I]. Les goudrons coloniaux du XVIIIe siècle), Universidad Nacional Mayor de San Marcos, 1963.

Rifkin, Jeremy, *L'Économie hydrogène. Après la fin du pétrole, une nouvelle révolution économique*, trad. Nicolas Guilhot, La Découverte, Paris, 2002.

Rosell, Juan, *¿Y después del petróleo, qué? Luces y sombras del futuro energético mundial* (Et après le pétrole, quoi ? Lumières et ombres de l'avenir énergétique mondial), Deusto, 2007.

Ruiz, Juan Carlos et Másquez, Álvaro, *Derecho desde los márgenes. Pueblos indígenas y litigio constitucional estratégico en el Perú* (Le droit dans les marges. Peuples autochtones et litiges constitutionnels stratégiques au Pérou), Instituto de Defensa Legal, avril 2018.

Shah, Sonia, *Crude. The Story of Oil* (Brut. L'histoire du pétrole), Seven Stories Press, 2006.

Tierney, Patrick, *Au nom de la civilisation. Comment anthropologues et journalistes ont ravagé l'Amazonie*, Grasset, 2003.

Collectif, *Fragile Planet. Scoring Climate Risks around the World* (Planète fragile. Constat des risques climatiques dans le monde), HSBC Global Research, mars 2018.

Collectif, *Historia del petróleo en el Perú* (Histoire du pétrole au Pérou), Petróleos del Perú, 2008.

REMERCIEMENTS

Un livre ne dépend jamais exclusivement du travail de son auteur. Et ce livre, bien que bref, existe grâce à la collaboration de nombreuses personnes.

Je tiens à remercier ceux qui, au cours des multiples voyages que j'ai effectués, m'ont confié leurs témoignages : en particulier les frères d'Edwin Chota et sa famille ashâninka à Saweto, Máxima Acuña et ses enfants, Osman Cuñachí, ses parents et la communauté awajun de Nazareth. J'espère avoir restitué de mon mieux les batailles qu'ils livrent aujourd'hui encore.

Merci à Jerónimo Pimentel d'avoir cru en ce projet dès le début et d'avoir attendu avec une patience zen le point final.

À Elda Cantú, éditrice de ces pages, dont l'intelligence et la générosité m'ont incité à terminer ce que j'avais trop longtemps remis à plus tard.

À Julio Villanueva Chang et Eliezer Budasoff, frères/éditeurs/maîtres qui, aux heures des bouclages nocturnes d'*Etiqueta Negra*, ont critiqué et corrigé au scalpel les toutes premières versions de ces chroniques.

À Jorge Carrión, mon mentor au master de création littéraire de l'université Pompeu Fabra, et à Leonardo Faccio, camarade de *deadline*. Au cours de mon année à Barcelone, ils m'ont tous les deux accueilli et m'ont aidé à réfléchir encore et encore à ce projet.

À Martín Caparrós, pour ses conseils d'orfèvre lors de l'Atelier de livres journalistiques de la FNPI à Oaxaca (Mexique).

À Marco Avilés et Jeremías Gamboa, frères aînés, et Romina Mella, qui dans la dernière ligne droite a su protéger mes arrières en vérifiant les données.

À Stefanie Pareja, Diego Salazar, David Hidalgo, Toño Angulo, Agus Morales, Javier Sinay, Boris Muñoz, Rodrigo Pedroso et Sol Aliverti qui, à différents moments et de différentes manières, m'ont encouragé à publier.

À Claudia Berríos, María Jesús Zevallos, Katery Morán, Giuliana Dávila et Julio Escalante, pour leurs encouragements quand ce livre n'était qu'une idée en germe.

À Miguel Ángel Farfán, Richard Manrique et Walter Li, pour chaque Troisième Jour.

Je remercie ma famille, en particulier mes parents et mes frères, qui ont dû longtemps se passer de ma présence. J'étais en voyage ou enfermé à tenter d'écrire quelque chose qui les touche.

Et merci à Rosa Chávez Yacila, qui a su me dire la vérité et me sauver tant de fois de moi-même.

TABLE

Bois 11

Or 65

Pétrole 117

Épilogue 169

Bibliographie 179

Remerciements 189

OUVRAGE RÉALISÉ
PAR NORD COMPO À VILLENEUVE-D'ASCQ
REPRODUIT ET ACHEVÉ D'IMPRIMER
EN FÉVRIER 2024
PAR NORMANDIE ROTO IMPRESSION S.A.S.
POUR LE COMPTE DES ÉDITIONS
ACTES SUD
LE MÉJAN
PLACE NINA-BERBEROVA
13200 ARLES

DÉPÔT LÉGAL
1re ÉDITION : FÉVRIER 2024
N° impr. : 2305700
(Imprimé en France)